沟通的艺术

The Art Of Communication

盛安之◎著

江西美术出版社
JIANGXI FINE ARTS PUBLISHING HOUSE

图书在版编目（CIP）数据

沟通的艺术 / 盛安之著 . -- 南昌 : 江西美术出版社 , 2017.5（2017.10 重印）

ISBN 978-7-5480-4262-4

Ⅰ . ①沟… Ⅱ . ①盛… Ⅲ . ①人际关系 - 通俗读物 Ⅳ . ① C912.11-49

中国版本图书馆 CIP 数据核字 (2017) 第 033826 号

出 品 人：汤　华
企　　划：江西美术出版社北京分社（北京江美长风文化传播有限公司）
策　　划：北京兴盛乐书刊发行有限责任公司
责任编辑：王国栋　楚天顺　陈　东　陈漫兮
版式设计：曹　敏
责任印制：谭　勋

沟通的艺术

作　　者：盛安之

出　　版：江西美术出版社
社　　址：南昌市子安路 66 号江美大厦
网　　址：http：//www.jxfinearts.com
电子信箱：jxms@jxfinearts.com
电　　话：010-82293750　　0791-86566124
邮　　编：330025
经　　销：全国新华书店
印　　刷：天津安泰印刷有限公司
版　　次：2017 年 5 月第 1 版
印　　次：2017 年 10 月第 3 次印刷
开　　本：880mm × 1280mm　1/32
印　　张：7
I S B N：978-7-5480-4262-4
定　　价：26.80 元

前　言

Preface

美国常春藤大学联盟的学生对华尔街商界精英和华盛顿政治家们做过一项调查，问他们："让你现在重新回到大学，你会修好哪些课？"

答案自然是五花八门的，有写作学、逻辑学、谈判学、演讲学、哲学……如果寻找这些课程内容的交集，就会发现他们大部分都和人际交往与沟通是相关的。

其中，前总统尼克松的回答最为经典，他说："如果让我重新回到大学，我将选修两门课程，一门是演讲，一门是说服。"

这项调查的结果，深远地影响了美国大学的课程设置，校方在"通识教育"的课单里，大幅增加了人际交往与沟通类的选修课和讲座。

无论是总统，还是职员，无论是常春藤名校的毕业生，还是籍籍无名的街头小青年，在我们的内心深处，都怀有影响他人的欲望。当我们通过有效的沟通方式，和他人建立起联系时，我们就获得了影响他人和世界的机会。

组织、事业和个人的成败兴衰，与沟通的好坏息息相关。正如《圣经·旧约》中记载：早先的人类联合起来，兴建希望能通往天堂的高塔；为了阻止人类的计划，上帝让人类说不同的语言，使人类相互之间不能沟通，计划因此失败，人类自此各散东西。

无论过去还是现在，只要人类彼此需要合作，只要身在工作场所，就一定需要学习并不断提升沟通能力和沟通技巧。

为了提高沟通能力，市面上有各种各样的书籍和学说，其中罗列了成千上万的建议和技巧，所有这些沟通技巧都离不开沟通之道：真正地在意对方，将对方放在你心上。

你眼前的这本书，有真实的案例，也有精彩的故事，有实用的技巧，也有隽永的智慧。深入浅出，通俗易懂，能够让你心有灵犀，触类旁通，在感悟中提升自己有效沟通的技能。

目　录

Contents

CHAPTER 1 所谓会沟通，就是零误解

CHAPTER 2 沟通就是要玩转情商

CHAPTER 5 让你处处受欢迎的沟通习惯

CHAPTER 6 跟任何人都能交朋友的沟通方式

CHAPTER 7 跟任何人都能聊得来的沟通法则

CHAPTER 8 商务沟通：让天下没有难做的生意

CHAPTER 9 管理沟通：让团队从优秀到卓越

CHAPTER 10 亲子沟通：培养了不起的孩子

CHAPTER 1

所谓会沟通，就是零误解

爱是理解的别名。

——印度诗人　泰戈尔

把自己体验到的感情传达给别人，而使别人为这感情所感染，也体验到这些感情。

——俄国作家　列夫·托尔斯泰

◎ 会沟通的人，不会想说什么就说什么

著名科学家法拉第进入英国皇家学院工作，介绍人是戴维爵士，他们之间进行了一次有趣的谈话：

戴维：“很抱歉，我们的谈话随时可能被打断。不过你还幸运，此时此刻仪器没有爆炸。法拉第先生，信和笔记本我都看了。你在信中好像没有说明在哪里上的大学。”

法拉第：“我没有上过大学，先生。”

戴维：“噢？但你做的笔记说明你显然是理解这一切的，那又怎样解释呢？”

法拉第：“我尽可能去学习一切知识，我还在自己房间里建立了小实验室。”

戴维：“年轻人，我很感动。不过，可能因为没到实验室中干过，所以才愿意到这儿来。科学太艰苦，要付出极大的劳动，而只有微薄的报酬。”

法拉第：“但是，只要能做好这件工作，本身就是一种报酬啊。”

戴维：“哈哈，你再看我眼边的伤疤，这是我在实验中引起的一次爆炸留下的。我想，你装订的那些书籍总不曾将你炸痛，让你出血或把你打昏吧？”

法拉第：“是的，不曾有过，但每当我翻开装订的科学书籍，它的目录常常使我目瞪口呆，神魂颠倒。”

这段对话重点突出，详略得当，饶有趣味。戴维爵士所强调的

是从事科学研究不是一件轻松的事，需要付出艰苦的劳动，甚至要付出伤残或牺牲的代价，而法拉第所表示的是对知识强烈渴望，对科学的执着追求。

谈话结束后，戴维破例让法拉第当了自己的助手。

后来，有人要戴维填表列举自己对科学的贡献，他在表的最后写道："最大的贡献——从一句话中发现了法拉第。"

沟通的艺术

说话东拉西扯，不着边际，让人不知所云，如坠雾中，听了半天不知要表达什么意思，这样的沟通只能是失败的。真正的沟通是有明确目标的，要为了实现某种目的来沟通，或解决矛盾，或寻求意见，或请求帮助，或答疑解惑，或谈判合作。没有无目的的沟通，沟通必然要取得某个结果，才算达到了目的。

◎ 会沟通的人，会谨慎使用自己的语言

有一个人为了庆祝自己 40 岁生日，特别邀请了四个朋友，在家里请客吃饭。三个人准时到达了，只剩一个人不知什么原因，迟迟没有来。

这个人有些着急，不禁脱口而出："该来的怎么还没来呢？"

三个人听了有些不高兴，其中有一个人对主人说："你说该来的还没有来，意思就是我们是不该来的了？那我告辞了，再见！"说完就气冲冲地走了。

一人没来，一个人又气走了，主人急得又冒出一句："真是的，不该走的却走了。"

剩下的两个人中的一个也生气地说："照你这么说，该走的是我们了！好，我也走。"说完，掉头就走了。

又把一个人气走了。主人急得如热锅上的蚂蚁，不知所措。最后剩下的这个朋友与主人交情较深，就劝他说："朋友都被你气走了，你说话应该注意一些。"

主人很无奈地说："他们全都误会我了，我根本不是说他们呢。"

最后这个朋友再也按捺不住了，脸色大变道："什么！你不是说他们，那就是说我啦！莫名其妙，有什么了不起的。"说完，铁青着脸走了。

还有一个故事。

有个秀才去买柴，他对卖柴的人说："荷薪者过来。"

卖柴的人听不懂“荷薪者”（担柴的人）三个字，但他听懂了“过来”两个字，于是把柴担到秀才面前。

秀才问他：“其价如何？”卖柴的人听不太懂这句话，但他听懂了“价”这个字，于是就告诉秀才价钱。

秀才接着说：“外实而内虚，烟多而焰少，请损之。”（木柴的外表是干的，里面是湿的，燃烧时会浓烟多，火焰少，请减些价钱吧！）

卖柴的人听不懂秀才说什么，于是担着柴就走了。

沟通的艺术

说还是不说？说什么？怎么说？是一种技巧，是一种艺术，是一门值得你花毕生的精力去研究的学问。语言的艺术与沟通的效果是紧密相连的，被人误会，常常是因为用词不当；不被人赏识，常常因为曲高和寡。

◎ 会沟通的人，把话说到对方心坎儿上

在一个寒冷的冬天，一个衣衫褴褛双目失明的老人，忍受着刺骨的寒风，可怜巴巴地跪在一条繁华的街道上行乞。他脏兮兮的脖子上挂着一块木牌，上面写着："自幼失明。"

一天，一位诗人走到老人身边，老人便伸出手向诗人乞讨。诗人摸了摸干瘪的口袋，无奈地说："我也很穷，但是我可以送你一样别的东西。"

说完，他从兜里掏出笔，在木牌上写了几个字，起身告别了老人。

自那以后，老人得到了很多人的同情和施舍，可是他对此却大惑不解。

不久，诗人与老人邂逅。老人问诗人："你那天在我的木牌上写了什么东西呀？"

诗人笑了笑，捧着老人脖子上的木牌念道："春天就要来了，可我不能见到它。"

诗人一抬头，看见老人的眼眶里饱含着晶莹的泪花。

沟通的艺术

会沟通的人用甜美的语言让事实增值，愚蠢的人用糟糕的语言让事实贬值。诗人的诗句让行人瞬间理解了老人悲苦的境地，同情和施舍也接踵而至。

◎ 会沟通的人，用沟通化解争执

老孙要去与总经理争论，“我们虽然是工人，但是我们也是人，怎么能动不动就加班，连个慰问都没有！年终奖金也没有几个钱。”老孙出发之前，义愤填膺地对同事们说，“我要好好训训那个自以为是的经理。”

“我姓孙，和经理约好的。”老孙对经理秘书说。

“是的是的，经理在等您，不过不巧，有位客户临时有急事找经理，麻烦您稍等一下。”秘书客气地把老孙带到会客室，请他坐下，又堆上一脸笑，“您是喝咖啡还是喝茶？”

“我什么都不喝。”老孙小心翼翼地坐进大沙发。

“总经理特别交代，如果您喝茶，一定要泡上好的龙井。”

“那就茶吧！”

不一会儿，秘书小姐端进连着茶托盘的盖碗茶，又送上一碟小点心：“您慢用，总经理马上出来。”

“我是老孙，你没有弄错吧！”

“当然没有弄错，您是公司元老，经理经常说起你们最辛苦了，一般同事加班到八点，你们得忙到九点，实在心里过意不去。”

正说着，经理已经大跨步地走出来，跟老孙握手：“听说您有急事？不好意思我来晚了。”

“其实，也……也……也没什么大不了的，几位工友叫我来看看经理您……”

不知道为什么，老孙那一肚子不吐不快的怨气，一下子全不见了。临走还不断对经理说：“您辛苦，您辛苦，打扰了！”

通过秘书小姐的沟通，在经理还没有出面的时候，问题就已经解决了一半。

沟通的艺术

聪明人用舌头代替拳头，用沟通化解争执。事实上，在每个组织当中都不应当出现争执，只要我们能够善用沟通，能够用沟通化解隔阂，让彼此敞开心扉，即使对峙双方实力悬殊，能够通过言语沟通解决的问题何必以强凌弱呢?

◎ 会沟通的人，用迂回的方式面对危机

1942年，美英两国决定不开辟第二战场，而开辟非洲战场，即“火炬计划”。为了表示诚意，丘吉尔亲自到莫斯科与斯大林会谈。

斯大林严厉地质问说：“据我所知，你们不想用大量的兵力来开辟第二战场，甚至也不愿意用6个师登陆了。”

“的确如此，斯大林阁下。”丘吉尔诚恳地说，“事实上，我们有足够的兵力登陆，但是我们觉得现在在欧洲开辟第二战场还不是时候，因为这有可能破坏我们明年的整个作战计划。战争是残酷的，不是儿戏。我们不能轻易作出某一决策。”

斯大林的脸色更加难看了，厉声说：“对不起，阁下，您的战争观与我的不同，在我看来战争就是冒险，没有这种冒险的精神，何谈胜利？我真是不明白，你们为什么那么害怕德军呢？”气氛紧张起来。

丘吉尔看到斯大林的态度如此坚决，为了打破令人窒息的气氛，只好转变话题，谈谈对德国轰炸的问题。经过这番谈话后，紧张的气氛有所缓和。斯大林的脸上也出现了一丝笑意。

丘吉尔认为现在是说出英美两国商定的“火炬计划”的时候了，于是说：“那么，尊敬的阁下，现在来谈谈法国登陆的事情吧，我是专门为这而来的。事实上，我认为法国并非唯一的选择，我们和美国人制定了另外一个计划。美国总统罗斯福先生授权我把这个计划秘密地告诉您。”

斯大林看丘吉尔一副神秘的表情，不禁对这个“火炬计划”产生了兴趣。丘吉尔简单地介绍了“火炬计划”的内容，斯大林很感兴趣，还谈了他对这个计划的理解和意见，丘吉尔表示赞同。

此时，虽然斯大林对英美推迟在法国登陆的事情不悦，但是气氛已明显缓和。丘吉尔又继续说：“我们还打算把英美联合空军调到苏联军队南翼，以支援苏军。”这回斯大林的脸上才露出了满意的表情。至此会谈已是云开雾散。

紧接着，丘吉尔顺水推舟，说道：“现在我们三国已经建立联盟，我相信只要我们齐心协力，就一定能够取得胜利。”这样，斯大林最终接受了“火炬计划”。

丘吉尔见斯大林心情不错，随即说：“尊敬的阁下，您已经原谅我了吗？”斯大林哈哈一笑，说：“这一切都已经过去了，过去的事情应该归于上帝。”

沟通的艺术

面对斯大林的质问，丘吉尔没有立即正面予以回应，而是转换话题迂回地表达自己对战局的观察和思考，最终赢得了斯大林的理解和支持。会沟通的人不是用拳头解决问题，而是用舌头来化解危机。这就是沟通的力量。

◎ 会沟通的人，会从对方的角度看问题

有一次，作家刘墉应邀在某大学做了一场关于人际沟通的演讲，他这样讲道："我有个美国学生，有一天突然打电话来，说她需要一支狼毫毛笔，外面找不到好的，想跟我买。我说没问题，不但找了一支不错的狼毫笔，还翻出一支很好的羊毫笔。没过多久她来了，问多少钱。我说：'笑话！这么深的交情了！送你的！'

"各位可以想象，那美国学生，一定会做出很惊喜的样子，因为我等于送了她一百多美金的礼物。可是半年后，有个中国学生对我说，那个美国学生又托她去中国城找毛笔。我说，奇怪了！她明明知道我多得是，为什么不来找我呢？

"中国学生笑了，说：'她说了！因为您不要她的钱，她不能再找您。'然后，那中国学生又说，'教授啊！您不知道吗？有时候美国人要跟您买，您不卖，送他。他们会觉得您是暗示他，您不愿意卖。'"

美国学生误解了刘墉，而中国学生的解释却又让刘墉感到错不在她。

还有一个故事。

一个年轻人因受不了妻子近来变得忧郁、沮丧，常为一些小事对他吵吵嚷嚷，甚至打骂孩子，无可奈何之下只好躲到办公室，不想回家。

有位经验丰富的长者，见他这样，就问他最近是否与妻子争吵过，

年轻人回答说：“为装饰房间争吵过。我爱好艺术，远比妻子更懂得色彩，我们为卧室的颜色大吵了一架，我想漆的颜色，她就是不同意，我也不肯让步。”

长者又问：“如果她说你的办公室布置得不好，把它重新布置一遍，你又如何想呢？”

“我绝不能容忍这样的事。”青年回答说。

长者解释说：“办公室是你的权力范围，而家庭以及家里的东西则是你妻子的权力范围，若按照你的想法去布置‘她的’厨房，那她就会和你刚才一样感觉受到侵犯似的。在布置住房上，双方意见一致最好，不能用苛刻的标准去要求她，要商量，妻子应该有否决权。”

年轻人恍然大悟，回家对妻子说：“一位长者开导了我，我百分之百地错了，我不该把我的意志强加于你。现在我想通了，你喜欢怎样布置房间就怎样布置吧，这是你的权力，随你的便吧。”妻子听后非常感动，两人言归于好。

沟通的艺术

把你对自己事情的高度兴趣，跟你对其他事情的漠不关心互相做个比较。那么，你就会明白，世界上其他人对你认为的不以为然的原因！刘墉一厢情愿地好意送笔，与年轻人一意孤行地与妻争吵，在根本上是一致的，他们都没有站在对方的角度去看问题。

◎ 一开口就让人喜欢你的 8 个沟通技巧

1. 选择积极的用词与方式

在保持一个积极的态度同时，沟通用语也应当尽量选择体现正面意思的词。比如说客户，常用的说法是“很抱歉耽误您这么久”。这“抱歉耽误”实际上在潜意识中强化了对方“耽误”这个感觉。比较正面的表达可以是“非常感谢您耐心听我这么长时间的介绍”。

2. 擅用“我”代替“你”，擅用“我们”代替“我”

比如，“请问，我可以得到一张您的名片吗？”“我们想要你到哪个单位去，这是公司目前最需要的安排。”语言表达技巧是一门大学问，语言讲话其实是你心智的反映，我们说话的语言格局要高，有些人恰恰不懂得这些，沟通不人性化。不要认为只有口头语才能让人感到亲切。我们对表达技巧的熟练掌握和娴熟运用，可以在整个交流过程中体现出最佳的形象。

3. 针对不同的沟通对象采取不同的沟通态度

如上司、同事、下属、朋友、亲人等，即使是相同的沟通内容，也要采取不同的声音和行为姿态。其实，很多时候对一个事情的判断，并不能简单地以应该不应该和好不好来区分。你什么时候做这件事，把这件事做到什么程度，会直接影响到这件事的本质。要特别强调做事的分寸，“过”和“不及”都是要尽量避免的。我们提倡仁爱、提倡真诚友好的沟通，并不是要大家丧失原则地去宽容所有不友好的人和事。

4. 沟通中要肯定对方的内容，不仅仅说一些敷衍的话

这可以通过重复对方沟通中的关键词，甚至能把对方的关键词语经过自己语言的修饰后，回馈给对方。这会让对方觉得他的沟通得到您的认可与肯定。

5. 因人而异地改变自己的说话方式

一般说来，文化水平高的人，不爱听肤浅、俗气的话，应多用一些逻辑性强的推理；文化层次较低的人，听不懂高深的理论，应多举浅显易懂的例子；刚愎自用的人，不宜循循善诱，可以适当地激一下；喜欢夸大的人，不宜用表里如一，不妨诱导一下；生性沉稳的人，要多调动他的情绪；脾气暴躁的人，用语要明快简洁；思想顽固的人，要善于发现他的兴趣点，进行转化；如此等等。只有知己知彼，才能对症下药，收到最好的说服效果。

6. 不做沉默的“智者”

有些人因为自卑心理或因某种原因而不敢开口说话。其实，你只要勇敢地讲出第一句话，紧接着第二、第三、第四句就会跟着讲出来，别人绝不会在意你说得怎样。所以，把话说出来是关键，因为无论怎样你表达了自己的思想，而与人交流才是学习和进步的阶梯，不要当“故作”深沉的智者，把自己封闭起来并无益处。

7. 可以试着清除语音障碍

有的人声音尖锐刺耳，有的人声音沙哑低沉，尽管一个人声音的基调改变不了，但每个人还是可以发出一些不同的声音，其中，也必有一种音色是最亮丽而具有魅力的。不同的声音给人的感觉是不一样的。坚毅激进的声音，给人一种奋发感；柔和、清脆的声音使人愉快；低缓忧郁的声音让人悲哀；而粗俗急躁的声音使人发怒。

说话太快，使人喘不过气来，听不清，你自己也白费口舌；说话太慢，使人听得不耐烦。在说话中，声调要注意有高有低，正如乐曲中旋律的快慢和强弱，要使你的话如同音乐一样动听，就要注意声调的快慢高低。另外，说话带口头禅，会扰乱节奏，显得杂乱无章。

8. 端正说话态度，沟通效果会进一步提升

在人际交往中，人们最忌讳那种傲慢的腔调、趾高气扬的神情、刻板僵硬的语气。而谦逊的态度、委婉动听的语调，能给人一种心悦诚服的力量。

在奥斯卡领奖台上，著名影星英格丽·褒曼在连获两届最佳女主角奖后，又一次获得最佳女主角奖，但她对和她角逐此奖的弗伦汀娜推崇备至。英格丽·褒曼走上领奖台，手中举起奖杯的时候说道："原谅我，弗伦汀娜，我事先并没有打算获奖。"谦逊的一句话就消除了对方的心理隔阂。

沟通的艺术

我们在日常交往中，不要企图揭露他人的隐私，更不要去"攻击"别人，这是与人谈话的最基本准则。谈话时首先要尊重对方，其次要诚恳，要设身处地为别人着想，也就是谈话时要掌握分寸，避免任何可能伤害别人的成分。即使对方确有缺点也不可抓住不放，喋喋不休，礼貌的做法只能是委婉批评，适可而止。总之，不论谈话内容如何，只要你对别人尊敬，就能得到相应的回报。

CHAPTER 2

沟通就是要玩转情商

将自己的热忱与经验融入谈话中，是打动人的速简方法，也是必然要件。如果你对自己的话不感兴趣，怎能期望他人感动。

——美国成功学导师　戴尔·卡内基

与人交谈一次，往往比多年闭门劳作更能启发心智。思想必定是在与人交往中产生，而在孤独中进行加工和表达。

——俄国作家　列夫·托尔斯泰

◎ 情绪不失控，沟通不伤人

一位年轻人在年迈的富人家里担任钟点工人。每天，除了清洁工作，还有半个小时的“陪读”任务。一天，这名年轻人不小心把花瓶与笔筒的位置放反了，这原本不是什么大事，年老的富人却大发雷霆，指着年轻人的鼻子大骂笨蛋……年轻人一言不发地忍耐着，因为他相当同情这名老人，除了骂人的舌头外，他已别无利器。

在将近十分钟的咒骂后，老人好不容易平息下来，要求年轻人进行每天的例行公事——读一段故事给他听。年轻人翻着书，找到一个相当吸引人的章节，上面写着：“南洋所罗门岛上的一些土著，每当树木长得过大，连斧头都砍不了时，他们就会对着树木集体叫喊，直到树木倒下为止。喊叫扼杀了树木的生命，比任何刀棍、石头都还具有杀伤力；正如那些尖酸、刻薄、粗鲁的言语，往往会刺伤人的内心。”

年迈富有但性格怪僻的老人听了这个故事，沉默许久。当年轻人把咖啡送到他面前，准备为他加糖时，老人抬起头来，脸上出现难得的慈祥笑容，亲切地说：“不用加糖了，你的故事已经为我加了糖！”

沟通的艺术

一时之气，造成自己的“火山爆发”是小事，但是对那些被“火山余烬”灼伤的人们，却有可能造成难以弥补的伤害。

◎ 情绪不失控的 6 个沟通技巧

如果不能控制自己的脾气，那么至少要懂得控制自己的嘴巴。生气时，请不要随便开口，你在这时吐出来的话，往往都不会是“象牙”。下面是一些化解怒气的小办法。

1. 意念控制法

在发火时，心中念念有词：别生气，别跟他一般见识，有什么天大的事要发这么大的火呢？会收到一定的效果。

2. 回避矛盾法

如果与同事刚发生了激烈的争吵，大家都在气头上，容易引起进一步的争吵，最好暂时回避他，这样可以做到眼不见，心不烦，怒气自消。

3. 转移思想法

生气时，如果始终想着生气的事情，会越想越生气，越想越难过。相反，如果通过其他途径有意识地转移自己的思想，做一些自己喜欢的事情，比如逗孩子玩、去商场购物，就可以转移大脑的兴奋点，让怒气在不知不觉中消失。

4. 自我超脱法

自己提出的工作方案，可能会遭到半数以上的人的反对，包括上司和同事。也许是对你期望值太高，也许是认为你工作能力差，这都是正常的现象，不必忧虑和生气。

5. 积极沟通法

当争吵双方都心平气和的时候，利用午休时间聊聊天，谈谈各自的爱好，或许你会发现你们之间并没有什么重大的“阶级”仇恨。大家都是为了工作，不要把工作中的矛盾延续到生活之中。

6. 提高修养法

平时多做一些提高修养的事，种种花草，养养鱼，学学书法，练练画，为人会变得谦和有礼，不容易暴躁和动怒。

沟通的艺术

“吹笛要按到眼儿上，敲鼓要敲到点儿上”，话说在点子上对方自然会欣然接受。

古人讲：山不在高，有仙则名；水不在深，有龙则灵。说话也是如此，话不在多，点到就行。在生活节奏紧张快速的现代社会中，没有人愿意花费大量的时间去听你的长篇大论。这就要求你在谈话时要做到言简意赅，一针见血。

◎ 以情动人，可以化解人与人的矛盾

有两位同胞兄弟因遗产问题发生了纠纷，他们便把外地的大姐请回来做裁判，以求得财产的合理分配。大姐到达的当晚，亲自下厨为两位弟弟做饭。

在饭桌上她见兄弟两个互不理睬，便叹了口气说："哎，如今经济条件好了，办一桌饭也不费力了。想你们小时候连鸡蛋也吃不上呢！有次见别人家的孩子吃鸡蛋，你俩就吵着也要吃。我没法子，就煮了一个洋山芋骗你们说是洋鸡蛋。你俩高兴得直拍手，一个说，弟弟你先来一口；一个说，哥哥你先来一口……"

说着说着，大姐眼圈红了。两位弟弟的心弦被触动了，都不好意思起来，接下来再进行遗产分配自然就容易了。

大姐是聪明的，她明白就事论事可能会使两人觉得不公平，于是便用回忆往事的方法，对其进行"润物无声"的感化，勾起了兄弟间的亲情，两人自然不会再在财产上斤斤计较了。

沟通的艺术

有时候，双方的矛盾处在僵化阶段，双方在心理上对对方已树起了一道对立的屏障，直言劝解不仅不能达到解决矛盾的目的，反而容易激起当事人的逆反心理，使矛盾更加激化。这时，调解者最好结合当事人双方过去的友谊、情感和亲密的状况，以回忆往事的方法唤起他们对往日情谊的感怀，从而感化他们，使他们在惭愧、不安与反思中化解矛盾。

◎ 当面解释不清的事，可以托人转告

一次，苏东坡去拜访王安石，恰逢王安石不在家，但见其书桌砚台底下压着一首未写完的诗："昨夜西风过园林，吹落黄花满地金。"

苏东坡想：菊花有傲霜之骨，花瓣怎会四处飘落？王公真是"江郎才尽"铸成大错啊！于是，苏东坡挥笔续诗："秋花不比春花落，说与诗人仔细吟。"然后拂袖而去。

过了些时候，苏东坡到后花园赏菊，正值刮了几天大风，园中十几株菊花枝上，一朵花也没有，只见落英缤纷，满地铺金。

苏东坡一时瞠目结舌，想起那两句续诗，羞红了耳根。想亲自登门向王安石道歉，又担心解释不清，自讨没趣。

他终于想出了一个两全其美的办法，邀请王安石最亲密的诗友王令来家做客，然后在适当时候，说出那件乱改诗句的事，吐露自己惭愧内疚之情。

苏东坡感喟道："这事给我的教训太深了，凡事不可自恃聪明，随便讥笑别人。"

后来，王令将苏东坡的歉意转告了王安石。王安石知其良苦用心，消除了对苏东坡的隔阂。

沟通的艺术

文人相轻，自古皆然，何况苏东坡无端贬斥；再者，两人在政见上

分歧很大，王安石推行新法，苏东坡极力阻挠，鉴此，如果苏东坡亲自登门，啰嗦解释一番，或痛骂自己一顿，恐怕反而会火上加油，或被视为虚情假意，难以收到预期的效果。苏东坡却巧借第三者之口，转达自己的歉意，使王安石更加容易接受，容易相信。

◎ 向别人道歉的 6 个技巧

因自己的言行失误而打扰、影响了别人，或者给别人造成了精神上或物质上的损害时，都应主动向对方道歉，挽回影响，以便继续维持相互间的来往和友好关系。向对方表示你的歉意，能显出道歉者光明磊落的博大胸襟，往往令对方心悦诚服，冰释前嫌。以下是道歉的技巧，可以参考和借鉴。

1. 注意道歉的范围

在下列情况下都应向对方表示歉意：同学、亲友和老师托付自己办的事情未能办好时；自己失礼、失手时；无意中碰撞了别人时；在拥挤街道、公共车辆上挤了或踩了别人时；在食堂排队买饭碰落了别人的餐具时；因有事而必须打断别人的谈话时；打扰了别人的工作或休息时；敲错了别人的家门或叫错了别人的姓名时……

2. 注意道歉的词语

表示歉意的词语一般有这样一些："对不起""请原谅""打扰了""很抱歉""给你添麻烦了"等。在向别人道歉时，一定要说得极为诚恳，否则不但不会被对方谅解，还有可能激起对方的愤怒。另外，在向对方表示歉意时，除了态度要诚恳外，还要选择对方乐意接受的语言。

3. 注意道歉的方式

向对方表示歉意的方式有：当面口头道歉；约时间面谈道歉；打电话道歉；书信道歉；到对方家中或单位亲自拜访道歉；托第三

者转达道歉，等等。

如在夜深人静时，打一个电话到对方的床头，轻轻地对他说“请你原谅”；在适当的时候，准备一件既含蓄又能明白地表达歉意的小礼品，给对方一个意外的惊喜……总之，选择你认为最适合的方式，不论是直接的还是间接的，有了需要道歉的事就马上去表示歉意，你就会在交际中获得更多的朋友和支持。

向别人道歉所采用的方式，一定要根据自己与对方熟悉的程度和歉意的程度认真选择，一般以当面口头道歉为宜，如果带有赔偿性的道歉，才选用到对方家中或单位拜访道歉的方式。

4. 注意道歉的时机

同学、朋友之间可能因为一些误解发生摩擦和纠纷，事后应立即向对方道歉。如果对方的火气正旺，情绪非常激动，不妨采用冷处理的方法，等待对方冷静下来后，再主动向对方道歉。这样可能比立即道歉的效果更好，也易于为对方接受。

5. 注意道歉的礼节

道歉时，态度要严肃。首先主动承认自己犯的错误和过失，对给对方带来的损害表示深深的歉意和内疚，然后请求对方给予谅解和宽恕，并询问对方有什么具体的条件和要求，对方的理由和要求如果合理充分，要给予满足。如果对方一时不理解或拒绝接受道歉，要反复表达自己的诚意，对于对方的冷言相待和粗暴的态度，应体谅对方的心情，用真心实意的言语感动对方，该赔礼的赔礼，该赔偿的赔偿，以求得对方的谅解。切不可在道歉时再次与人家发生争吵，也不得在虚情假意地赢得了对方的谅解后，再去指责对方的不是。

6. 注意道歉的原则

道歉的原则是：男士主动向女士道歉；年幼者主动向年长者道歉；学生主动向老师道歉；职务低的主动向职务高的道歉；子女主动向父母道歉。

沟通的艺术

前中共中央总书记、国家主席江泽民，在这方面为世人树立了一个很好的典范。他虽位尊权重，但与人交际时毫无居高临下的架势，说话非常平易近人。1991年12月25日他视察贵州民族学院时，亲切询问一个苗族女学生是哪里人。女学生回答他后，他和蔼地告诉女学生："我是扬州人。扬州你去过吗？"女学生回答没去过。他微笑道："啊，有机会请到我家乡扬州看看，三月最好，李白不是说'烟花三月下扬州'吗？"本来颇有些拘谨的女学生，一下子轻松了。在当众讲话时应努力保持这种平正的心态，在平时讲话也要努力培养这种心理，以达到最佳的讲话效果。

◎ 与原则无关的事，不妨退后一步

孔子的弟子子路在集市闲逛，见一买主与卖主争吵，就走了过去。

只听卖主说：“我一尺鲁缟价三钱，你买八尺，共二十四钱，少一个子也不行。”

买主争辩道：“明明是三八二十三，你多要一钱是何道理？”

子路觉得有趣，笑着对买主说：“三八二十四才对，你错了。”

可买主固执己见，并问子路敢不敢打赌。子路性烈，当即以新买的头盔做赌注。买主也不含糊，赌注居然是项上人头。二人击掌为誓，然后去找孔子裁决。

孔子问明情况后，笑着说：“子路，你错了，快把头盔输给人家吧。”

买主得意地拿着头盔走了。子路大惑不解地问：“老师，分明是三八二十四，您为何判他对呢？”

孔子说：“你输了，头盔还可以再买，若是那人输了呢？”

子路猛然醒悟。

沟通的艺术

用一个头盔换一条性命，这是智者的善良。很多时候，我们需要权衡轻重，如果与原则无关，不妨退后一步，给人一个台阶。表面上看，你吃了亏，但你的善心可能会无意中挽救了一个人，也使自己的心灵得到净化。

◎ 上什么山唱什么歌，在什么场合说什么话

1. 应邀参加某种娱乐时

“如果还有空额，我希望有加入的荣幸机会。”

2. 好友重逢时

“× × 先生，很高兴又见面了。”

3. 如何表示歉意

拨错电话时：“对不起，打错了。”

疾走时撞了他人：“对不起，我不是有意的。”

4. 如何接受赞美

对方说：“你早上所提的建议真好。”

“你今天早上看起来特别靓丽清爽。”

回答：“谢谢，你真客气。”

5. 何时说请

对你的另一半说：“周日我要请老板吃饭，请帮我一起接待他。”

对出租司机说：“请送我到国际机场。”

对饭店出纳员说：“请给我 301 房的账单。”

对秘书说：“请把这份材料传真给建筑材料公司张经理，另一份给 × × 市的红光贸易公司。”

对餐厅的服务员说：“请给我菜单。”

对公司副经理说：“请注意代表们对我们的计划第二段所提的批评，相当重要哟。”

6. 表示对朋友的关心

“马丽，你的病好些了吗？”

“安东，我听说你们公司已经打入美国市场了，好好干吧。”

“霍克，早上的会议多亏你提了个好建议，真是不胜感激。”

7. 礼貌逐客时

“我的天，都快 11 点了，我必须赶着去开会了。”

“很抱歉，我还有另一个会议，几分钟前就开始了。”

“真对不起，我现在必须赶到飞机场。”

“这次见面获益匪浅，希望再次见到你。”

“谢谢您的光临，一旦有结果，我会马上告诉您。”

“真抱歉必须结束这次面谈，因为上班要迟到了。但我希望能有机会完成这次面谈，现在我必须马上赶到办公室去。”

8. 想求得他人帮助时

“我刚才发言的声音是不是有些不自然？”

“我的手握起来是不是湿湿的？”

“早上汇报时，我是不是说了不少废话，是不是应该更简练些？”

“明天我要去定做一套西服，您能不能跟我一起去，当场给我参谋点意见？”

9. 需要下属加班时

“××，我实在很不愿意让你留下来加班完成这项工作，不过你是我唯一能够信任的人，所以请你务必帮忙。但我保证，对于今晚所造成的不便，我日后一定会有所补偿。”

或者：“请完成这份工作。这样要求你实在很抱歉，非常谢谢你的帮忙。”

沟通的艺术

人总是在一定的时间、一定的地点、一定的条件下生活的，在不同的场合，就应说不同的话，这样才能收到最理想的沟通效果。

不看场合，随心所欲，信口开河，想到什么说什么，这不光是一种“不会说话”的拙劣表现，而且还会给对方留下极坏的印象，甚至直接把对方“吓跑”。

◎ 聋子旁边不说聋，跛子旁边不说跛

一次几位同事在一起喝酒。小李为了表达对小张取得成绩的钦佩之情，他举杯倡议道：“我建议为小张的成功干杯！总结小张的曲折经历，我得出这样一个结论：凡是成大事的人，必须具备三证！”众人惊异地问道：“哪三证？”小李提高嗓门喊道：“第一是大学毕业证；第二是监狱释放证；第三是离婚证！”

这三证中的两证无疑是小张的忌讳，而小李却没遮拦地把它们说出来了。小张不想让别人知道，小李是和他关系比较好的同事，小李却把它们捅出来。

话音刚落，众皆哗然，小张硬撑着喝下了那杯苦涩的酒。

沟通的艺术

忌讳如永不结疤的伤痕，虽然常常淹没在深处，却往往有人去掀动它，几乎每个人都有一些难以启齿的避讳，人人都讨厌自己的忌讳受到别人的冲撞。与人相互沟通时，要千万注意，不能忽视了这些问题。如果不小心冲撞了别人的忌讳之处，往往使你好心不得好报，引起别人的反感。

◎ 巧妙避开敏感话题，顾左右而言他

一位早年毕业于某高等院校中文系，勤勤恳恳工作了几十年的老教师退休了，为此，学校为他和另一位曾多次荣获过“先进”的退休老同志一并举行了一个欢送会。领导对他们的工作和为人进行了热情洋溢而又非常得体的肯定和赞扬，相比之下，对那位曾多次荣获过“先进”的老同志的美誉则尤多。当轮到两位受欢迎的退休老同志致答谢辞的时候，他们对大家的欢送作了深情的感谢。一时间，会场里充满了一种令人动情的温馨气氛。作为答谢，话本该说到这里为止；然而，那位老教师却并未就此打住，而由人们对另一位“先进”的赞扬中引起了感触，并作了颇为欠当的联想和发挥：“说到先进，很遗憾，我从来也没有得过一次……”

话犹未尽，坐在他对面的、平日与他相处得不很融洽的一位青年教师突然抢了话头：“不，那是我们不好，不是你不配当先进，是怪我们没有提你的名。”话语带着不肯饶人而又让人难堪的“刺”。冷不防，老教师的眼角眉梢被“刺”出了一股感伤的表情，一时间会场中出现了令人难堪的尴尬气氛。

领导见势不对，马上接过话茬，想把气氛缓和一下。照理说，这时，他应避开“先进”这个敏感的话题，转而谈论其他。然而，他却反反复复劝慰那位退休老教师，叫他对“先进”的问题不要在意，说没有评过先进，并不等于不够先进，先进不仅在名义，更要看事实。如此等等。一席话，等于是把本应避而不谈的话题作了重复和引申，

使本已尴尬的局面显得更为尴尬。

沟通的艺术

能否机敏地避开某些不宜多说的话题，对领导者的领导能力也是一种很好的检验。领导者的能力固然表现在原则性上，在会场一时出现了某种始料不及的尴尬局面时，他没有直接去批评那位言语有失的青年教师，而是竭力肯定那位教师的贡献，具有这种应急应变的意识并立即着手应变，这些都是无可厚非的。然而，从具体的应变能力和说话方式的一面看，却又显得很不够。照理说，在这种场合，他应竭力避开“先进”这个敏感的话题，“顾左右而言他”，巧妙地把话题岔开，使欢送会的气氛由暂时的不欢而重新转向欢快，并顺势掀起新的高潮，而不是如他所做的那样，在敏感的话题上唠叨不休。

◎ 沟通不好，是因为耐心不够

一名顾客怒气冲冲地找到某名鞋专卖店，向店长投诉说："我在你们店花五百多元买了一双鞋，没穿几天开胶了，要来退，售货员不给办！你们就是说一套做一套，骗完钱了事！整天说什么顾客是上帝，我看就是挂在口头，贴上墙面上的空话！"

店长也很不高兴，情况都没说明白怎么就开始人身攻击了。于是勉强压下火气说："这位先生，我们的保修票据上说得很清楚，开胶了只能修不能退！"

没想到顾客更火了，喊着要去找消费者协会投诉，找媒体曝光你的品牌。店长也不示弱，干脆"据理力争"，最后这位顾客嘴里嚷骂着出了店门。

再来看另一个客户投诉的例子。

销售人员："先生，我认为您应该再购买几台新式电动机。"

客户："你又来推销你那些破烂了！你不要做梦了，我们再也不会买你那些玩意儿了！"

销售人员："怎么回事，我们的产品没有任何问题。"

客户："昨天我到车间去检查，用手摸了一下你们的电机，感到很烫手，质量太差！"

销售人员："好吧，先生！我完全同意您的立场，假如电机发热过高，别说买新的，就是已经买了的也得退货，你说是吗？"

客户："是的。"

销售人员："当然，任何电机工作时都会有一定程度的发热，只是发热不应超过全国电工协会所规定的标准，你说是吗？"

客户："是的。"

销售人员："按国家技术标准，电机的温度可比室内温度高出42℃，是这样的吧？"

客户："是的。但是你们的电机温度比这高出许多，喏，昨天差点把我的手都烫伤了！"

销售人员："请稍等一下。请问你们车间里的温度是多少？"

客户："大约24℃。"

销售人员："好极了！车间是24℃，加上应有的42℃的升温，共计66℃左右。请问，如果你把手放进66℃的水里会不会被烫伤呢？"

客户："那是完全可能的。"

销售人员："那么，请你以后千万不要去摸电机了。不过，我们的商品质量，你们完全可以放心，绝对没有问题。"

沟通的艺术

当有人表现出不满的情绪时，要先用耐心将对方的不满缓和、平息，不必为一些枝节问题而争论不清，这只会偏离主题。正确的做法是耐心倾听，抓住问题的要害，采取有效的措施加以解决。第二个例子中的销售人员就是这么做的。而在第一个例子中，店长的正确做法应是先让顾客安静下来，别直接谈鞋；为了不影响其他顾客，可以把顾客带到门店的里间，比如把顾客请到门店仓库里单独谈，先倒杯水，分析售后要领，跟顾客解释一下，属于保修范围，鞋子是可以免费修好的，消消顾客的气，换位思考，也可以提供一些物质上的补偿，比如送几双鞋垫或袜子等礼品，或者承诺把鞋修好再送一张优惠卡，用实物或优惠卡表达你的歉意；让顾客消除怨气，还可以根据顾客提供的电话及地址在第一时间把修好的鞋子送到了顾客家里，相信顾客体会到你的诚心，也会非常感动的。

◎ 对于蛮横无理的人，不要一味强调自己的立场

20 世纪 30 年代，一位英国商人韦尔斯向香港著名的茂隆皮箱行订购了 3 000 只皮箱，总共价值 20 万港币。当时，在双方签订的合约中明确规定，全部的货物要在一个月之内交付，如果逾期，卖方必须赔偿英商 10 万元港币的损失费用。

在日夜赶工之下，一个月内，茂隆皮箱行经理冯灿如期向英商交货。

没想到交货的时候，一开始就存心讹诈赔偿费用的韦尔斯，无计可施之余，居然莫名其妙地质疑："你们的皮箱夹层使用了木板，这批货不是我们要的皮箱，你们必须重做'真正的皮箱'！"如此一来，原来制作的皮箱不仅不能交货，而且还损失了皮箱的制作成本，更要多赔偿 10 万元。

面对韦尔斯的无赖行径，冯经理怒不可遏，却又无可奈何，双方多次交涉无效之后，只好闹上法院，请法官审理解决了。然而，法庭开庭审理之后，同为英国人的法官似乎有意偏袒韦尔斯，而消息也传出，法官已准备判冯灿的诈欺罪名成立。

所幸，冯灿委托的律师罗锦文冷静处理，而赢得最后的胜利。

在最后辩论过程中，当罗锦文面对强词夺理的奸商和具有排华情结、心怀偏颇的法官，随手从口袋里掏出了一只英国出品的金表，高声问法官："法官先生，请问这是什么表？"

只见法官神气地说："这是大英帝国的名牌金表，可是我提醒你，

这金表与本案毫无关系！”

“当然有关系！”罗锦文高举金表，继续大声说道：“这是一只金表，我们尊敬的法官已有定论，恐怕没有人表示异议了吧？但是，我想请问各位，这块金表除了表壳是以少量黄金打造之外，内部机件都是黄金材质吗？”

法官和韦尔斯这才发觉，他们中了律师的“圈套”，但为时已晚，自己言之确凿的回答，早已成为对方最有利、最无可辩驳的证据。

罗锦文抓准时机地继续说：“既然金表中的部分零件允许非金材料，那么，皮箱中的部分材料为何非要全都是皮制品呢？我们可以很明显地知道，在这个皮箱案中，纯粹是原告韦尔斯无理取闹，存心敲诈而已！”

于是，在众目睽睽之下，韦尔斯一时词穷，法庭也不得不判韦尔斯诬告罪，并罚款 5 000 元港币了结此案。

沟通的艺术

面对相同的状况，“以其人之道，还治其人之身”才能彻底击败对方，因此，对于蛮横无理的人，不要一味强调自己的立场，应该避开双方相持不下的情况，为自己找到绝佳的出口。

CHAPTER 3

开口就能说重点的精准表达艺术

在交谈中，判断比雄辩更重要。

——西班牙思想家　巴尔塔沙·葛拉西安格拉西安

如果想要改变自己的人生，就必须谨慎选用字眼，因为这些字眼能使你振奋、进取和乐观。

——美国成功学大师　安东尼·罗宾斯

◎ 言简意赅：三分钟内表达你的意思

在公共场合演讲，有的人滔滔不绝，用语言的触角抓住了每一位听众，自然令人钦佩；有的人把自己的意思浓缩成几句话，犹如一粒粒沉甸甸的石子，在听众平静的心湖里激起层层波浪，也同样值得称道。

大多数口才出色的人，说话都是简短有力、简洁明快的。而自信心不够的人，在说话之前，总先要解释一番为什么要说，然后才说出他想表达的观点。结果，还不等他触及正题，别人早就烦了。

所以，当你想发表观点时，不妨直奔主题，比如，“我想说说关于节省开支的问题……”然后，围绕你的主题，进行尽可能简洁的表达。正如外国谚语所说：当我问你几点钟时，你不要告诉我钟表的工作原理。

为了使说话更加简练明确，有时只让对方迅速听到最重要的东西即可。在使用细节作为论据时一定要保证观点突出，不要有过多的观点。确保只有少量的主要观点，或者仅仅是一个主要观点，然后围绕这个观点把要讲的话讲明白。特别是身为一名领导者，要想说服别人，让别人明确执行你的命令，掌握这种简洁有力的说话方式是十分重要的。

比如：某县国税局连年完不成税收任务，仅上半年全县就欠税三百多万元。7月，张局长临危受命，上任后即展开了深入细致的调查、摸底工作。在此前提下，召集20个纳税大户举行座谈会。

张局长在会议上开宗明义地说道："我是个转业干部，二杆子脾气，我到这儿任国税局长，一不图官，二不图钱，就图个痛痛快快干工作，我初来乍到，能不能踢好头三脚，还要看各位买不买账。一句话，政策以外的钱我一分不收，该纳的税一个子儿也不能少，而且一天也不能再拖，谁觉得为难，自己看着办，下周的这个时候我要结果。"会后，在 20 个纳税大户的带动下，上半年歉收的所有税款一周内全部完成。

张局长简短的几句话，不仅展现了军人果断的性格和干练的作风，而且句句流露着锋芒。在这样的气势下，有谁愿意与"初来乍到"的新局长过不去呢？所以，张局长上任伊始就来了个"开门红"也就顺理成章了。

在谈话当中，有时候需要苦口婆心地讲道理，而有时则不需要长篇大论，紧要处点到为止，正所谓言简意赅、微言大义。

有的时候，专业术语在特定场合确能起到帮助沟通的作用，但前提是听说双方都对这些术语心领神会。在圈外人面前使用术语，只能说明自己的语言表达能力不足。

沟通的艺术

当你向对方发表意见时，当然不是为了显露你的口才，目的还是为了让他听懂并乐于接受，所以你一定要使用他能听懂的语言。有时候，你为了图省事，说出一个只有自己明白的词汇，为了让对方听懂，你又不得不花一二分钟对这个词汇进行解释，这样不仅没有达到语言凝练的效果，反而费了口舌。

◎ 借助比喻，使深奥之理变得简单明了

有人问爱因斯坦：“什么是相对论？”

他说：“如果一个年轻漂亮的姑娘坐在你的腿上，你会觉得一小时就像五分钟一样短；如果一个皱纹满面的老太太坐在你的腿上，你会觉得五分钟就像一小时一样长。这就是相对论。”

试想，“相对论”是何等高深的学问，要对一个外行讲清楚可不容易。但爱因斯坦通过一个比喻，却在一分钟之内满足了对方的愿望。

沟通的艺术

在表达观点或说明道理时，板着面孔，长篇大论地说教，只会令人生厌。如果借助聪明的比喻，使深奥之理变得简单明了，这样就能触动对方记忆中的现有的信息，从而心领神会。

◎ 说话简洁明快的4个要点

自信心强、办事果敢的人都说话干脆果断，不拖泥带水。现代社会节奏快，时间观念强，说话简洁会给人一种生机勃勃的现代人的感觉，所以，说话简洁的人受人欢迎。以下是说话简洁应注意的几点。

1. 尽量简明扼要

说话越简明越好，有些人在叙述一件事情时说了很多话，但还是无法把他的意思表达出来，以致听者花了很多时间和精力，仍然不知道他想说明什么东西。如果你有这种毛病，一定要自己矫正。矫正的最好办法是，在说话之前，先在脑子里做一个初步的计划，然后再把计划要说的东西讲出来。

2. 用语不要过多重叠

在汉语里，有时的确要使用叠句来引起别人的注意，或者加强语气。但是，如果滥用叠句，就会显得累赘。

3. 同样的词语不可用得太频繁

听者总希望说者的语言丰富多彩。我们虽然不必像某些名人所说的那样，每说一事都要创造一个新词汇，但也应该在许可的范围内尽量使表达多样化，不要把一个名词用得太频繁。即使是一个非常新奇的词，如果你在几分钟之内就把它复述了好几次或十几次，那么人们对它的新奇感会丧失，并对它产生一种厌倦感。

4. 要避免口头禅

有些人在交谈中爱说口头禅，诸如“岂有此理”“我以为”“俨然”“绝对的”“没问题”一类的话几乎是脱口而出。不管这些话是否与所说的内容有关联，这类的口头禅说多了，不仅影响说话的效果，而且容易被别人当做笑柄。因此，这类的口头禅应下决心不说。

沟通的艺术

在开始谈话时，要准备经过一个“预热”的阶段。没头没脑地就开始一次意味深长的交谈是不明智的，不要期望一开始就像老朋友见面一样。

短暂的交谈不仅能为你引发一次谈话，而且可以用来为进一步的交谈预热，引导对方为进一步的交谈做好充分的准备。然后在这种交谈中观察别人的兴趣。这正如点篝火，不必期望用一个火把开始，只需有一根小火柴就行了。只要方法得当，这一根小火柴就能让篝火熊熊燃烧……

◎ 曲径通幽：巧妙婉转把话说

有一次，秦王和中期发生了争论，结果中期赢了，而秦王却输了。中期若无其事、大摇大摆地走出了皇宫。秦王大怒，暴跳如雷，决心要把中期杀掉，以解心头大恨。

这时，在秦王身边有个和中期要好的人对秦王说："中期这个人实在是个暴徒，一点也不懂规矩。他幸好遇到大王这样贤明的君主才能活命。如果遇到桀纣那样的暴君，早就没命了！"

秦王一听，也就不好再加罪于中期了。

沟通的艺术

在秦王盛怒的情况下，要为中期辩护，如果直言劝说秦王不要杀中期，这样只能是火上浇油，适得其反。这时，中期的朋友采用了委婉的方式，简单的几句话却有着丰富的含义。既有对中期的指责，又有对若杀中期则是暴君的暗示，还有不杀中期则是贤君的称赞，秦王的火气一下子就平息了下来，也就不好再对中期下手了。

◎ 委婉劝谏，让人在思索中明白事理

《战国策》里有这样一则“南辕北辙”的故事。

魏王欲攻打赵都邯郸，谋臣季梁知道此事，忙从旅途返回，求见魏王。他对魏王说：“我在返回的途中遇到一个男子，正赶着车向北走，却告诉我他要去楚国。我提醒他，‘若要去楚国往南走才对’，可那男子说：‘我的马是日行千里的好马。’我说：‘马是好马，可是你却弄错了方向。’那男子又说：‘我带够了旅费。’我说：‘你的旅费够了，但你的方向走反了。’可那男子又说：‘我的御夫技术高超！’诚然他具备了所有条件，可他却犯了方向性的错误。楚在南，他却向北，因此，他的条件越好，离楚国的距离就越远。大王，您身为霸者之一，刚刚获得天下的钦佩，却想仗着国富兵强而攻打赵国，你的目的是扩大领土，远播威名。但赵国并非弱小，若进攻不利，反而削弱魏国，可能从此离霸业日远矣。这不就和那个欲去楚国，却偏偏向北走的男子一样吗？”

魏王听过故事后，若有所悟，改变了原来的主意。

这里，季梁借用一个成语故事劝谏魏王不要进攻楚国，并指出进攻的结果有害无利，魏王接受了他的劝谏。

沟通的艺术

委婉劝谏可以避免因直接叙述给对方造成伤害而形成对抗，能让对方在细细品味我们的语言之时接受我们的观点，取得共同的认识。运用

委婉劝谏这一沟通法有几个要点：①需要借助中介，如一个故事、一则寓言等，就事论理；②巧妙利用时机，不以专门劝谏者的身份出现，以免造成对立局势；③换角度提出劝谏，在另外的事情上做文章，其中的隐义由对方自己悟出，使其在自我启发中认识错误，这样既免除了对方心理和面子上的顾虑，又便于改正错误和接受意见。

◎ 用事实说话，让人心服口服

某中学中午开饭时，一个学生端着一饭盒刚买到手的菜来找司务长反映：菜没有炒熟。司务长经过鉴定，证实了学生的话，于是就和这位学生带着那盒没熟的菜去找炒菜的刘师傅。刘师傅没等司务长把话说完就来了火气：“煤不好，火头上不来，炒的菜又多，就是神仙来也没得办法！”

作为司务长明明知道学校烧的煤是没有问题的，平常这位师傅炒的菜也是没有问题的，这次完全是因为他的责任心不强造成的。但他没有急于接着他的话反驳他，而是问站在一旁的炒菜的王师傅：“你今天炒菜烧的什么煤？”“院子里的那堆煤。”“噢，那你今天炒了多少菜啊？”“和刘师傅炒的一样多。”“嗯，把你炒的菜打点来我看看。”司务长尝了后又交给那个学生尝，都说熟了。

这时司务长才转过头来问刘师傅：“你看，到底是因为煤不行，还是炒的菜太多啊？要不要让我再用相同的煤和相同的菜试验一遍呀？”

在这样雄辩的事实面前，刘师傅开头的那种神气已经没有了，连忙答应把那没卖完的不熟的菜端去重炒。后来，司务长宣布按规定扣他的奖金，他都没吭一声。

在这里，面对刘师傅推卸责任的自我辩解，司务长并没有直接把自己内心的想法说出来驳斥对方，而是从另一位炒菜师傅那里寻找证明刘师傅错误的事实依据，然后心平气和地把这些事实摆在刘师傅面前，这样，刘师傅自然无话可说，并自觉地改正错误、接受处罚了。

沟通的艺术

事实胜于雄辩。当对方对你的辩论提出质疑或不服时，不妨列举一二个事实作为例证，用事实说话，对方自然理屈词穷。

◎ 轻易不要说出口的三个字："你错了"

有一位先生，花三天时间写了一篇演讲稿，他认真地撰写、修改并润色，其精心程度绝不亚于鲁迅或朱自清写一篇文章——据说鲁迅写完一篇文章后，通常要改七遍，而朱自清每天只写五百字。

这位先生认为演讲稿写得十分到位，得意地读给妻子听。妻子认为这篇演讲稿写得并不出色。但她没有像一般妻子那样说："你写得太差劲了，都是老生常谈，别人听了一定会打瞌睡的！"

这位妻子是个再明白不过的人了，她说："如果这篇文章是投给报社的话，肯定算得上是一篇佳作。"

换句话说，她在赞美丈夫的同时巧妙地表达出它并不适合演讲。丈夫听懂了其中的涵义，立即撕碎了精心准备的手稿，并决定重写。

沟通的艺术

说话破坏力最强的莫过于这三个字："你错了"。它通常不会带来任何好的结果，只会产生一场争吵，甚至能使朋友变成对手，使情人变成怨偶。有效更正他人错误的方法是：委婉地让他人意识到自己的错误。即认同他做对的或好的方面，使他觉察到错误的部分。

◎ 想指责别人时，学会说“如果我是你”

读书时，留学生小林曾在美国的一家快餐店打工。刚上班不久，他对工作的程序还不熟练，错把一小包糖当做奶精给了一个女客人。

因为他一个小小的疏忽，使得这位女客人非常生气。也许是因为她正在减肥，或者是刚失恋，她当着所有客人的面大声对小林咆哮，简直把那包糖当成毒药：“你干什么给我糖？难道还嫌我不够胖？”

那时的小林初来乍到，完全不懂减肥对美国人来说是一件多么沉重的事，呆呆愣在那里，不知所措。

快餐店的女经理闻声而来，沉着冷静地面对这一切，在小林耳边轻轻地说：“如果我是你，我会马上道歉，并且把她要的东西快点给她。”

小林照经理的吩咐做，致上最诚挚的歉意。那位客人有了台阶下，数落了几声就放过他了。

闯下这个大祸，小林忐忑不安地等着经理出来数落他。没想到经理只是过来对他说：“如果我是你，我会在下班后把这些东西认认真真熟悉一下，以后就不会再拿错了。”

不知道为什么，这一句“如果我是你”竟然使小林非常感动，好像听到的是一位朋友的意见，而不是上司的命令，他有一种受到“尊重”的感觉。

后来，可能他比较幸运，无论他在学校上课，在其他地方打工，不管是老师也好，老板也好，他们明明是提出不同意见，明明是在批评哪里不好，他们却很少会直接的责问，他们不会说：“你怎么能这么做？”“你以后不能再这么做！”而是用委婉的口气说：“如果我是你，我大概会……”

这种交谈方式使小林完全不感到难堪，不感到沮丧，取而代之的是一点温暖和几许鼓励。

沟通的艺术

只是多了那么几个字，一下子就站到了对方的立场。大家站在同一阵线，每个人都设身处地地替人着想，哪里还会有什么不满的情绪？更别说会造成什么人与人之间的隔阂、代沟了！

◎ 学会说：“这不全怪你，我也有责任”

有两户人家紧邻而居，东家的人和乐相融，生活幸福美满；西家的人经常争吵，天天鸡犬不宁。这种情形引起了一位社会学专家的兴趣。

社会学专家问东家的人说：“你们一家人为什么从不像西家人那样经常争吵，而能够和睦相处呢？”“因为我们一家人都认为自己是做错事的坏人，所以能够互相忍让相安无事；而他们一家人都认为自己是好人，因此争论不休大打出手。”东家的人如此回答。

社会学家又问：“这是怎么回事呢？”

东家人回答说：“比如有一个茶杯被打破了。在他们家自以为自己是好人的情况下，打破杯子的人不肯认错，还理直气壮地大骂：‘是谁把茶杯乱摆在这里的？’摆杯子的人也不甘示弱地反驳：‘是我摆的，你为何不小心把它打破了？’彼此间不肯认错，不肯退让，僵持不下当然会吵架了。可是我们家，如果谁不小心打破茶杯，就会抱歉地说：‘对不起，是我疏忽打破了杯子。’而放茶杯的人听到也会回答：‘这不全怪你，是我不应该将茶杯放在那儿。’像这样坦白承认自己的过失，互相礼让，怎么会吵架呢？”社会学专家点了点头。

沟通的艺术

记住，不要对别人的错误过于敏感，不要执着于所谓正确的意见，不要轻易责怪任何人。另外：当自己有过失的时候，应立刻道歉。

CHAPTER 4

听出“画外音”的有效倾听艺术

做一个好听众，鼓励别人说说他们自己。

——美国成功学导师　戴尔·卡耐基

倾听对方的任何一种意见或议论就是尊重，因为这说明我们认为对方有卓见、口才和聪明机智，反之，打瞌睡、走开或乱扯就是轻视。

——英国思想家　霍布斯

◎ 学会倾听：自然成为最受欢迎的人

小李的父亲是位知识分子，为人古板，不喜与人交往，每次小李来了熟人，父亲就独自躲到书房，很少与人打招呼。

一次，小李的三个高中同学来到家里玩耍。大家一见分外亲热，其中有两位喜欢下棋，闲谈中都是些术语、行话，而另外一位对“黑白世界”一无所知，无聊中去了父亲的书房。这外边三位在棋局上杀得天昏地暗，没去管他。

等玩够后，才从书房中把那个同学叫出来，令小李吃惊的是：老父居然送出房门口，还问儿子为什么不留他们吃饭，临行还一再叮嘱：以后有空来玩。

在小李的记忆中这是父亲第一次留他的同学吃饭，而且以后还经常问及那位同学为什么不来家里玩。

小李在惊叹之余，问及同学如何赢得父亲的欣赏。结果那同学说：“没什么呀，你们下棋我不懂，就去你父亲书房，见你父亲在看一本水利方面的书，就问你父亲是否搞水利的，然后就好奇地问长江大桥的桥墩怎么做的，你父亲就开始给我讲解，如何先将一个大铁筒插进去，将里面的水抽干，挖出稀泥，打地基，直到做好干透，再将铁筒抽掉，你父亲在说，而我只是认真听，也没说什么。”

沟通的艺术

教育家卡耐基说：“做个听众往往比做一个演讲者更重要。专心听他人讲话，是我们给予他的最大尊重、呵护和赞美。”

每个人都认为自己的声音是最重要、最动听的，并且每个人都有迫不及待地表达自己的愿望。在这种情况下，友善的倾听者自然成为最受欢迎的人。

◎ 多问多听，是对别人最好的恭维

德怀特·莫罗是一名刚刚出道的外交家，受柯立芝总统之命出任墨西哥大使。“这是一件很困难的差使，”布鲁斯·巴顿说，“墨西哥是山姆叔叔手上最敏感的一个手指头，到那边去做大使是很麻烦的一件事。”鉴于此，对莫罗而言，第一次拜见墨西哥总统卡尔士的表现，是具有历史意义的。

如何给墨西哥总统留下一个良好的印象呢？在这样的紧要关头，莫罗运用了一个策略。

莫罗绝口不提起那些应当由大使来负责谈判的严重问题。他只是称赞厨子，多吃了几块饼，点着了一支雪茄，请卡尔士总统给他讲一些墨西哥的情形，内阁对于国家的希望如何？总统所想做的是哪些事情？他对将来有些什么看法？当卡尔士发表意见时，他则在一旁全神贯注地听。结果，第二天，卡尔士总统对一个朋友说，莫罗才是真正会说话的大使。

卡尔士总统的这句话让情绪紧张的墨西哥人、焦急不安的美国人，都长长地舒了一口气。

初出茅庐的莫罗如此轻易地折服了卡尔士总统，并非采用了什么特别的策略，只不过让卡尔士总统发表意见，自己洗耳恭听罢了。

沟通的艺术

倾听不仅是一种沟通的手段，更是一种礼貌，是尊重说话者的一种表现，是对说话者的最好的恭维。专注倾听对方说话，可以使对方在心理上得到极大的满足。这正是莫罗成功的秘诀。通过倾听，无形之中，他显示了自己对卡尔士总统的尊崇，让卡尔士总统感受到了充分的尊重。

人人都渴望得到他人的尊重，没有谁会拒绝耐心而专注地听自己说话的人。当你想赢得陌生人的好感时，不要试图多“说”，而要多“听”。

◎ 有效倾听：听见、听清和听懂

一位顾客来跟乔·吉拉德商谈买车，乔·吉拉德向他推荐了一种新型车，一切进行顺利，眼看就要成交了，但是对方突然决定不买了。

乔·吉拉德百思不得其解，夜深了还忍不住给那位顾客打电话探明原因，谁知顾客回答说：“今天下午为什么不用心听我说话？就在签字之前，我提到我的儿子即将进入密歇根大学就读，我还跟你说他的运动成绩和将来的抱负，我以他为荣，可你根本没有听我说这些话！你宁愿听另一位推销员说笑话，根本不在乎我说什么！我不愿意从一个不尊重我的人手里买东西！”

美国教育家戴尔·卡耐基在《人际关系》一书中，叙述了一个他亲身体验的小故事。一次，卡耐基同一位名人在晚餐会上交谈。席间，卡耐基自始至终只是充当了一个听名人讲话的角色。事后，名人却向晚餐会的主持者赞扬说“卡耐基是一个非常善于交谈的人”。得知此事后，卡耐基不禁大吃一惊说：“我只是很认真地听他讲话而已。”

沟通的艺术

有效倾听首先应该是用心地聆听对方的谈话，不仅要听，更要听得清、听得懂。

如果对方在一旁大谈特谈自己的经历和故事，而你却心不在焉，一边听一边在想着其他的事，那么就没有达到倾听的目的和效果。这样的听就算不上是倾听。

富有魅力的人大多是善于倾听他人言谈的人。真正善听人言者比善言者更能感动对方，更能唤起对方的亲近感。

◎ 不善言谈不可怕，怕的是不善倾听他人言谈

方小姐在某保险公司从事外勤工作已 20 年了，是个经验非常丰富的行家。就是在公司众多外勤人员中，她的成绩也一直是出类拔萃的。她在劝客户买保险时不采用劝说的方法，这正是与其他外勤人员的不同之处。后者通常的做法是在客户面前摆上好几本小册子，然后向他们说明到期时间和应收金额，并口若悬河地以一种非常熟练的语调反复地讲述客户在投保后，将能得到多大的好处。

而方小姐却与此相反，这样的话一句也不说。她总是从对方感兴趣的话题说起，稍许谈谈自己在这方面的无知和失败的体会。原对劝说投保一事心存戒备的对方因为她谈的是自己喜欢的话题，这样便在无意中跟着她谈了起来。之后她总是听着，并为对方的讲述而感到钦佩和惊叹。对方却不知不觉地倾吐了内心的烦恼，谈了自己对将来的理想和希望。方小姐依然还是专心地听着。直到最后，自己才主动地说出投保的想法：“这么说，还需要适当地投保啊！”

方小姐是一个善听人言的高手。不过，在此可以断言的是：她并不是因为生意上的缘故而装出一副倾听对方言谈的样子的。与此相反，方小姐在这段时间里甚至忘记了工作，诚心诚意地极其认真地听对方讲话。也正因为如此，对方才会对她敞开心扉，吐露真情。即使在旁人看来，他们之间的对话像是单方面的，但实际上，这二人进行着心灵上的交流和沟通。

沟通的艺术

很多人把自己沟通与人际关系的失败归咎于不善言谈，而沟通专家认为不善言谈不可怕，可怕的是不善倾听他人言谈。因为“不善言谈的人”在交往中过于在意自己的行为，总是不断地惦念着：一定不能让对方笑话自己，要把话说得漂亮些，否则就得不到对方的认同。另一方面，他又为自己的说话达不到那种理想程度而感到十分苦闷。这样，当然也就不会聚精会神地倾听对方的说话了，免不了忽视对方，很难真正在听别人讲话，而只是随便地点头附和，心不在焉地听听而已，有时甚至不等对方把一段话说完就迫不及待地自己说了起来。这是一种只要求对方听自己说话的单方面的交谈方式，失败是不可避免的。

◎ 细心聆听：知晓对方的弦外之音

有一天，一个中年男人到一家零售店里买剃须刀。“先生，”店员很有礼貌地说，“你想要好一点的，还是要次一点的？”“当然是要好的，”顾客有点不高兴地说，“不好的东西谁要？”店员就把最好的一种剃须刀拿了出来。

“这是最好的吗？”“是的，而且是牌子最老的一种。”“多少钱？”“680 元。”“什么？为什么这样贵？我听说，最好的才 200 多元。”“200 多元的我们也有，但那不是最好的。”“可是，也不至于差这么多钱呀！”“差得并不多，还有十几元一个的呢。”

那位顾客一听，面露不悦之色，掉头想离去。

这时店老板急忙赶了过去。“先生，你想买剃须刀是不是？我来介绍一种好产品给你。”“什么样的？”老板拿出另外一种牌子来，说：“就是这一种，请你看一看，样式还不错吧？”“多少钱？”“186 元。”“照你店员刚才的说法，这不是最好的，我不要。”“我这位店员刚才没有说清楚，剃须刀有好几种牌子，每种牌子都有最好的货色，我刚拿出的这一种，是同一种牌子中最好的。”“可是，为什么与那种牌子差那么多钱？”“这是因为制造成本的关系，你知道，每种品牌的机器构造不一样，所用材料也不同，所以在价格上会有出入。至于那种品牌的价钱高，主要还是它的牌子老，信誉好，而且它可以更换充电电池，适合在外旅行时用。”顾客痛快地买下了这个剃须刀，愉快地离开了。

沟通的艺术

店员错在没有摸清顾客的真正心理。他一进门就要最好的，这表明他优越感很强，可是一听价钱，他嫌太贵，这可能与他的经济实力有关。顾客把毛病推到店家头上，是因为他不肯承认自己舍不得买。而老板明白顾客的心理，在不损伤他优越感的情形下，让他买了一种较便宜的货。这位老板之所以销售成功就在于他善于倾听，能从对方的谈话中巧妙地听出对方的弦外之音，打探出对方的虚实，进而达到自己的目的。

◎ 听出“画外音”，让沟通事半功倍

一位青年在一家外资企业打工，在较短的时间内，连续两次提出合理化建议，使生产成本分别下降30%和20%。

大鼻子老板非常高兴，对他说：“小伙子，好好干，我不会亏待你的。”

这青年当然知道这句话可能意义很大，也可能一文不值，他想要点实在的，便轻松一笑，说：“我想你会把这句话划到我的薪水袋里。”

洋老板会心一笑，爽快应道：“会的，一定会的。”不久他就获得了一个大红包和加薪奖励！

沟通的艺术

面对老板的鼓励，青年人如果不是这样俏皮，而是坐下来认真严肃地提出加薪要求，并摆出理由若干条，岂不大煞风景，甚至适得其反。难能可贵的是洋老板听出了小伙子的“潜台词”和“画外音”，满足了他的要求。这样的沟通，事半功倍。

◎ 有效倾听的 12 个技巧

要做一个善听人言者，这比任何一个雄辩者都要更吸引人，同时也是搞好人际关系的最有效的手段。那么，怎样做到有效倾听呢？

1. 必须主动积极

对对方的感觉和意见感兴趣，并且积极努力去听，去了解对方，若有不明白的就问清楚。我们经常碰到某一种人，当别人说话时他也在想着自己下面要说什么。还有的人则是答非所问。你可知道他根本不在听你说，你的话对他只是耳边风，或者甚至是打扰你说话，你对他当然不会留下什么印象。

2. 谈话时反应要冷静

一个善于倾听的人，总能控制自己的感情。过于激动，无论对讲或听的人来说，都会影响表达或听取的效果。

3. 要让人家把话说完

尽量控制自己，不要打断对方。有时，谈话并不是一下子就能抓住要领的，应该让对方有时间不慌不忙地把话说完，即使对方为了理清思路，做短暂的停顿，也不要打断他的话，以免影响他的思维。

4. 要去体察对方的感觉

一个人感觉到的往往比他的思想更能引导他的行为，愈不注重他人感觉的真实面，就愈不会彼此沟通。体察感觉，意思是指将对方的话背后的情感复述出来，表示接受及了解他的感觉，有时会产生相当好的效果。

5. 不要匆忙做结论

不要急于评价对方的观点。一个良好的交谈者，应该努力弄懂对方谈话，完全把握他的意思。

6. 要关怀、了解和接受对方

要鼓励对方，帮助对方寻求解决问题的途径。这种态度若是真诚不带虚假，定能奏效。

7. 要全神贯注地听

不要做小动作，不要走神。别人说话时，如果你不时朝窗外观看来回行驶的汽车，或低头只顾自己修剪指甲，或面露不耐烦的表情，这些都是不礼貌的，都会使对方对你造成反感。

8. 不必介意别人讲话的特点

有些人说话时爱眨眼睛，有些人说话时爱带口头禅，有些人说话时爱手舞足蹈。对此，你不要介意，更不要分散自己的注意力。你应该将注意力放在对方谈话的内容上，尽可能从对方的谈话中吸取信息，丰富自己的知识和经验。

9. 要注意反馈

倾听别人的谈话要注意信息反馈，及时查证自己是否了解对方。你不妨这样发问：“不知我是否了解你的话，你的意思是……”一旦确定了你对他的了解，就要进入积极实际的帮助和建议。

10. 要抓住主要意思

不要被个别枝节所吸引。善于倾听的人总是注意分析哪些内容是主要的，哪些是次要的，以便抓住事实背后的主要意思，避免造成误解。

11. 要使思考的速度与谈话相适应

思考的速度通常比讲话的速度快两三倍，因此我们在倾听时大脑要抓紧工作，勤于思考分析。如果别人在谈话时，你心不在焉，不动脑筋，别人说话的内容又记不住，不得不重复再谈，那显然是事倍功半。

12. 不要总想占主导地位

好像自己无所不晓，其实这样的人最容易显得无知。自以为是的人，往往最不会倾听别人谈话。

沟通的艺术

交谈中要学会没话找话的本领。所谓“找话”就是“找话题”，找交谈的切入点。就像写文章一样，有了一个好题目，往往会文思泉涌，一挥而就。同样，双方交谈，有了一个好的话题就能使谈话融洽自如。好话题，是初步交谈的媒介，深入细谈的基础，纵情畅谈的开端。好话题的标准是：至少双方对话题比较熟悉，能谈；大家感兴趣，爱谈；有展开探讨的余地，好谈。

CHAPTER 5

让你处处受欢迎的沟通习惯

如果你是对的，就要试着温和地、技巧地让对方同意你;如果你错了，就要迅速而热诚地承认。这要比为自己争辩有效和有趣得多。

——美国成功学导师　戴尔·卡耐基

每一个人都需要有人和他开诚布公地谈心。一个人尽管可以十分英勇，但他也可能十分孤独。

——美国作家　海明威

◎ 微笑：最能说服人的心理武器

中央电视台曾经做了一期关于面对陌生人微笑的节目，节目给了我们很大的启示。主持人始终是面带微笑地面对每一个来来往往的过路人。看陌生人对她面带微笑的不同反应。我们能感受到她那发自内心的微笑，是这般迷人、这般甜美、这般让人心动，没什么理由不向她微笑。向陌生人投去会心的一笑，陌生人一开始没什么反应，当她向第五位大妈微笑时，大妈向她回了一个微笑，大妈的微笑也是发自内心的，是真诚的微笑；又走过来一位优雅的女士，看到主持人真心的微笑时愉快地回应了一个甜美的微笑；当主持人面对农民朋友微笑时，立刻得到了微笑回报。

大家的微笑都是发自内心的，是一种无声交流。微笑连接起了陌生人心与心的交流，因此，微笑是最能打动人的。

美国的“旅馆大王”希尔顿的发迹之路，其中主要一条是微笑服务与和气生财。

希尔顿旅馆的创始人康德拉·尼古逊·希尔顿，出生于一个小皮货商贩之家。1919 年，他接过父亲交给的 2 000 美元，连同自己挣来的 3 000 美元，开始了他雄心勃勃的经营旅馆生涯。当他的资产从 5 000 美元奇迹般增加到 5 100 万美元的时候，他欣喜而自豪地把这一成绩告诉母亲。想不到，他的母亲却淡然地说：“依我看，你跟从前没有两样……事实上你必须把握比 5 100 万美元更值钱的东西，除了对顾客诚实之外，还要想办法使每一个住进希尔顿旅馆的人住过了还想再来住，你要想出这样一种简易、不花本钱而行之久远的办法去吸引顾客。这样的旅馆才有前途。”

母亲的话使希尔顿陷入迷惘，究竟什么办法才具备母亲所指出的“简单、容易、不花本钱、行之久远”这四大条件呢？他反复考虑此事，并亲自去逛商店，串旅馆，把自己作为一个普通旅客和顾客去亲自体验感受。不知走了多少间商店和旅馆，总数以千计，历时半年。

功夫不负有心人，他终于找到了答案：就是和气生财。只有“和气”才实实在在地同时具备母亲提出的四大条件。于是，希尔顿实行了以微笑服务体现出和气生财的经营策略。

每天，他对营业员的第一句话是：“你对顾客微笑了没有？”他要求每个员工无论如何辛苦，都要对顾客投以微笑；不管顾客什么态度，都要以和气相待。即使在旅馆业务受到经济萧条的严重影响时，他也经常提醒员工记住：“千万不可把我们心里的愁云摆在脸上，无论旅馆本身遭受的困难如何，希尔顿旅馆服务员脸上的微笑永远是属于顾客的阳光。”

沟通的艺术

在经济学家眼里，微笑是一笔巨大的财富；在心理学家眼里，微笑是最能说服人的心理武器；在服务行业，微笑是服务人员最正宗的脸谱……面对陌生人时，有时我们甚至什么都不用做，只要对着他微笑，就能在瞬间缩短你和他（她）之间的距离。

◎ 让自己养成微笑习惯的 4 个技巧

我们可以通过微笑训练来提升个人魅力。

1. 微笑动作练习

首先，放松面部肌肉，然后使嘴角微微向上翘起，让嘴唇略呈弧形。最后，在不牵动鼻子、不发出笑声、不露出牙齿，尤其是不露出牙龈的前提下，轻轻一笑。其次，对着镜子练习。使眉、眼、面部肌肉、口形在笑时和谐统一。再次，闭上眼睛，调动感情，并发挥想象力，或回忆美好的过去或展望美好的未来，使微笑源自内心，有感而发。最后，按照要求，当众练习，使微笑规范、自然、大方，克服羞涩和胆怯的心理，也可以请观众评议后再对不足进行纠正。

2. 把好消息传递给他人

尝试每天回家时尽量把好消息带给家人分享，告诉他们今天所发生的值得高兴的事情。尽量讨论有趣的事情，同时把不愉快的事情抛在脑后。也就是说，只能散布好消息，把好消息告诉你的家人和同事。经常把好消息带给别人，长此以往，别人也乐于见到你，因为见到你仿佛就是见到好消息了。

3. 心理暗示自己“多微笑”

建议你运用这样一个心理暗示，每天都对自己说：“我要对人微笑！”并让这个自我激发深入到潜意识中去。那么，当你在与人交往中精神不振的时候，这个激发词就会进入到你的意识中，也就是说一旦时机到来，这样的潜意识就会激励你采取热情的行动，变消极为积极，焕发精神。

4. 融入真诚的情感

如果你的微笑可以活泼一点的话，那将更加能够表现你的热情。当你对别人说“谢谢你”的时候，要真心实意地说。一旦当你说话时能自然而然地渗入真诚的情感，你就已经拥有引人注意的良好能力了。

沟通的艺术

坦率地把自己的不足讲出来，不仅不会因此失去别人的敬重，还会引起别人的同情和爱怜。如能用开玩笑的形式讲出自己的不足，那就更能表现出你非同寻常的气度了。有位著名的主持人在大家的掌声中走上前台主持节目，在上台的路上不小心被地毯绊倒了，摔在地上。但她毫无慌张之色地爬起来，走到麦克风前说：“真让我激动，我是为你们的热情而倾倒的。”于是，观众们给以她更加激烈的掌声。相反，如果你明知自己的不足之处，却还要想方设法地拼命掩饰、装腔作势，只想把自己当成一个真正的行家一般，结果只会使别人感到你的可笑。因此，在与人交谈的时候，能够大胆地同自己开个玩笑是很明智也很了不起的。同时，也能使谈话现场的气氛活跃起来，增加别人对你的好感。

◎ 赞美：沟通中温暖人心的阳光

林肯有一次批评他的女秘书："你这件衣服很漂亮，你真是一个迷人的小姐。只是我希望你打印文件时注意一下标点符号，让你打的文件像你一样可爱。"女秘书对这次批评印象非常深刻，从此打印文件很少出错。

林肯身为美国总统，可算是世界上最有权势的人之一了，说话如此委婉、客气，是他好修养、好气度的体现。假如他换一种盛气凌人的口吻呵斥："你怎么工作的？连标点符号都搞不清楚，亏你还是大学生呢！"只能让对方反感，反而达不到纠正对方错误的目的。

一天，林肯去街头散步，看到一个邮递员正在绑扎邮袋，脸上的表情十分不耐烦。这样年复一年地做着单调而重复的工作，想来谁都会厌倦。于是林肯对自己说：我一定要让那个人喜欢我，最起码，要帮他改变一下现在的心情。于是，他走上前去对那人说："真羡慕你，真希望有你这样好的栗色头发！"那人惊讶地抬起头来看着林肯，脸上慢慢露出微笑："不过，现在没有以前好了。"他的声音里透着一些欣喜。很快，两人愉快地交谈了起来，最后走时，两人似乎已经成了多年的老朋友。

后来，林肯在一次宴席上把这事告诉了一个外交官朋友，外交官很不以为然，问林肯："那你从他那里得到了什么？"林肯笑道："我给他好心情，而他让我在这个世界上少了一个陌生人，多了一个朋友。"

后来，林肯参加总统竞选时，经常离家外出，一次，他突然收到一个陌生的电话，对方告诉他："林肯先生，你的邮箱已经好几天没有清理了，快满了，我怕小偷看到后知道你不在家，会打你的主意。所以我想先把你的邮件存放在邮局里，你回来后我再给你送过去。"打来这个贴心电话的正是那个曾被林肯称赞过头发的邮差！

沟通的艺术

在《孩子，我并不完美，这只是真实的我》这本书里，著名心理学家杰丝·雷耳评论道："沟通对温暖人类的灵魂而言，就像阳光一样，没有它，我们就无法成长开花。但是我们大多数的人，只是敏于躲避别人的冷言冷语，而我们自己吝于把赞许的温暖阳光给予别人。"

◎ 恰当赞美别人的 7 个技巧

赞美别人，不单单是花言巧语、甜言蜜语，重要的是根据对方的文化修养、个性性格、心理需求、所处背景、角色关系、语言习惯乃至职业特点、性别年龄、个人经历等不同因素，恰如其分地表扬或称赞对方。

1. 赞美的话，要因人而异

比如，要表述对社会嫉贤妒能现象的认识，如果对方是知识分子，可说："木秀于林，风必摧之；堆高于岸，流必湍之；行高于众，人必非之。"但这话就不能再照搬讲给文化水平不高的听众，对他们可以说"枪打出头鸟""出头的椽子先烂"这样的俗语，对方会更容易接受，讲话才会有效果。讲激励人的话也是这个道理。

2. 赞美时，要看对方的个性性格

对方性格外向，透明度高，可以多赞美他，他会很自然地接受；如果对方比较内向、敏感、严肃，你过多地赞美他，会使其认为你很轻浮、浅薄。因此，在赞扬对方时要注意这一点。

3. 赞美时，要琢磨对方的心理需求

每个人的需求不同，要迎合对方要求讲赞美的话。一个不喜欢淑女型、个性鲜明、男孩子气十足的女子，我们夸她如果长发披肩、长裙摇曳、婀娜多姿、美丽迷人，她也许不会感激你，还有可能认为你多管闲事。如果了解她的心理，夸她的短发看起来既精神又有活力，她一定会开心。

4. 赞美时，要注意性别

与不同性别的人讲话，应选择不同的方式。对体胖的女子，说她又矮又胖，一定会令她反感；但如果我们夸她一点不胖，只是丰满，她会得到几分心理安慰，不会因为自己胖而自卑。而对同样体型的男子，说他矮胖子，他也许只是置之一笑。

5. 赞美时，要注意对方的年龄特征

若想打听对方的年龄，对不同年龄层的人要采取不同问法。对小孩子可以直接问："今年几岁了？"对老年人则要说："今年高寿？"对年龄相近的异性不可直接问，要试探着说："你好像没我大？"对年纪稍大的女性，年龄更是个"雷区"，问得不好就会讨人厌。对一个40岁的中年女子，开口道："快50了吧？"对方一定气愤不已，如果我们小心地问："30出头了吧。"她一定会心花怒放，笑逐颜开。

6. 赞美时，要学会察言观色

一个为事业废寝忘食的年轻人，便可以称他"以事业为重，有上进心"；一个为了债务焦头烂额、心绪不宁的企业家，你夸他"事业有成，春风得意"，对方也许会认为你是在讲"风凉话"，这种话便会起到适得其反的效果。

7. 注意赞美与奉承的区别

赞美是一种说话的艺术，正确运用这门艺术，会使被赞美者心情愉快，而作为赞美者自己，也会从中感到快乐甚至感到幸福。

但是，在这里有必要弄清楚一个问题：真诚的赞美和奉承究竟有什么不同。因为弄清楚这个问题，是使那些不愿赞美他人者"赞口常开"的关键。

沟通的艺术

赞美与奉承有本质的区别。赞美是真诚、热忱的，是出于真实的感觉，绝不能掺杂任何不良的用心；同时，赞美是对别人的优点和长处的充分肯定，是为满足别人对于尊重和友爱的需要，给别人以精神上的激励和鼓舞。而奉承他人则是宁肯牺牲自己的尊严去恭维人，是出于某种不可告人的企图，明显的是趋炎附势，巴结讨好权威。正如卡耐基所说："奉承是从牙缝中挤出来的，而赞美是发自心灵的。"

◎ 幽默：最神奇的沟通方式

盖瑞是一个非常幽默的警官，不管遇到什么重大案件，他总能一笑置之，使问题迎刃而解。

一天下午，有三位女士为了一点小事发生了争执，三个人大吵大闹地来到警察局，你一言，我一语，几乎把警察局的屋顶掀了开来，女人的话匣子一打开，连局长都没有插嘴的份。这时，盖瑞淡淡地说了一句话："请你们当中年纪最大的那一位先说吧！"话才刚说完，房间里顿时鸦雀无声。

盖瑞的聪明才智不仅如此，他还曾经运用幽默顺利抢救了一名企图跳楼的男子。当时情况十分紧急，男子站在52层楼高的窗台，随时都有可能往下跳。楼下挤满了围观的人潮，警察、医生和记者全数到场。依照往例，那名想要自杀的男人总是色厉内荏地喊叫着："别过来！谁要再走近一步，我就跳下去！"

只有盖瑞带了一名医生走上前去，他只说了一句话，那男子便默默地走下楼了。盖瑞说："我不是来劝你的，是这位医生要我来问问你。你死后愿不愿意把尸体捐给医院？"

盖瑞的幽默感使他往往能够在极细微的事情中搜寻到破案的关键。在一次执勤的时候，盖瑞竟然轻而易举地抓住了一个男扮女装的通缉犯，警长问他："罪犯伪装得这么完美，你怎么会发现他是男儿身呢？"

"因为，他没有女人的习惯。"盖瑞笑着回答说，"我看他经过服装店、食品店和美容院的时候，连看都没有看一眼，我就知道，这个人绝对不是正常的女人。”

又有一次，盖瑞无意中看到两个年轻的神父骑着一辆自行车在一条小路上飞驰，身为神职人员怎么可以不遵守交通规则呢？盖瑞急忙下车将他们拦住，问道：“你们不觉得这样骑车是很危险的吗？”

神父们理直气壮地说：“没关系，天主与我们同在。”

盖瑞听了，笑着说：“这样的话，我不应该开你们超速的罚单，而应该罚你们80美金，因为法律规定，三个人是不能同骑一辆自行车的。”

幽默使人冷静，冷静使人充满机智。一个星期六下午，几个人正在闹市区的十字路口说：“现今的政治烂透了，我们应该放把火，把众议院和参议院统统烧了！”

激烈的言论尚且不构成任何妨碍，但是却引来越来越多的行人，把路口堵了个水泄不通，严重影响了交通。

当警察赶到时，市内的交通已经瘫痪得无从下手，只见盖瑞大叫一声：“现在开始，同意烧参议院的站到左边，同意烧众议院的站到右边。”

“哗”的一声，人群顿时分成左右两边，中间的道路豁然开朗。

有个弄臣犯了错，皇帝把他推下御花园的水池，再幸灾乐祸地把他拉上来问：“怎么样？你在水里有没有见到屈原啊？如果没见到，就再把你推下去！”

“臣见到屈原了！”弄臣一本正经地回答。

皇帝笑了起来，继续问：“屈原跟你说了些什么吗？”

“是说了些什么，”弄臣恭敬地说，“屈大人说他没遇上好主子，所以才投了水，我有这么英明的主子，为什么也要投水？”

又是马屁又是求饶，皇帝乐歪了，马上饶了这名弄臣。

沟通的艺术

越是棘手的事情，越是需要幽默。幽默不只是娱乐自己，同时也是娱乐别人，只要人们都可以笑得出来，还会有什么解决不了的大事呢？

◎ 幽默沟通的 10 个技巧

1. 夸张幽默法

荒谬的夸张几乎总能引起人们发笑，因为荒谬夸张本身包含了不协调，从而能够产生强烈的幽默效果。

一个法国人、一个英国人和一个美国人在一起吹嘘他们本国的火车是如何如何地快。法国人说：“在我们国家，火车快极了，路旁的电线杆看起来就像花园中的栅栏一样。”英国人忙接上说：“我们国家的火车真是太快了！得往车轮上不断泼水，不然的话，车轮就会变得白热化，甚至熔化。”

“那又有什么了不起！”美国人不以为然地说，“有一次，我在国内旅行，我女儿到车站送我。我刚坐好，车就开动了。我连忙把身子探出窗口去吻我的女儿，却不料吻着了离我女儿 6 英里远的一个满脸黑乎乎的农村老太婆。”

这就是夸张。但这里的夸张不是纯粹的、荒谬的夸张。所谓纯粹、荒谬的夸张，指的是放开胆子吹牛。可以说相声如果没有夸张，便几乎不成其为相声。而夸张也是幽默的重要基石，它能使平凡的生活琐事被放大一层，从而产生强烈的幽默感。

2.“歪打正着”幽默法

“歪打正着”是一种因果关系非常自由的幽默技巧。它的特点是起因与结果的不相干或不相称。

随便打开一本西方的连环画，你便不难找到偶然巧合的连锁反应。例如，一位先生匆匆忙忙冲进一间客厅，不巧碰到一位太太身上，这位太太的茶杯又落到一位老先生身上，而老先生碰碎一块窗玻璃，窗玻璃落到街上又正好打中警察的脑袋，警察发动全城的同伴追查，如此等等。非必然非因果性的成分越多，越能引起人的喜剧感。

3. “大词小用”幽默法

所谓“大词小用”，就是运用一些语义分量重、语义范围大的词语来表达某些细小的、次要的事情，通过所用词的本来意义与所述事物内涵之间的极大差异，造成一种词不符实、对比失调的关系，由此引出令人发笑的幽默。例如：

某校一次年级老师会议上，最后一个议题是决定学生春游的具体时间和地点。老师们各持己见，意见很多。最后，年级组长提议利用三天时间带领全年级学生同游青城山。这个提议很快得到了“共识”。

在一片笑语欢声中，某老师正色且大声地说道：“组长，‘疾风知劲草，国难识忠臣’，我是坚决拥护您的，跟着您寸步不离。头可断，血可流，到了山上也决不把您丢！”

一个普通得再普通不过的人，面对一件极小的事情和说不上是“七品芝麻官”的年级组长，竟说出了类似“文革”中“站队”的言词，且用上了只有对领袖才用的词语。这些“重大”的词语突然“屈尊”于这轻松、随和的语境，显得极其不协调。然而正是这种“大”与“小”“重”与“轻”的言和境对比的失调，才创造出幽默的韵味，活跃了交际气氛。

4. “随意成趣”幽默法

“随意成趣”，是对产生幽默趣味的种种技巧的综合运用，乍一听，是信口开河，再一想，却耐人寻味。

夏夜，有个人在朋友家小坐。“啪”的一声，他打死一只蚊子。一摸，胳膊上已经鼓起一个大包，说：“咦！这蚊子怎么专叮外来人啊？”

“这是我们家的看家蚊子！”男主人笑了。

“哼！”女主人却借题发挥，说：“连我家的蚊子也学会喜新厌旧了。”客人听了这话，一时不知道这话里包的是什么馅，坐也不是，走也不是。

“嗯……啊……明白明白……”客人突然自言自语，念念有词。

“你在跟谁说话呢？”女主人惊异地问。

“你没看到你们家的看家蚊子在跟我咬耳朵吗？”

“那它跟你说什么？”女主人脸上的乌云散开了。

“它说哼哼哼，又说嗡嗡嗡。听懂了吧？”

“我又不是蚊子！”女主人忍不住笑了。

“它对我说，我咬了你一口，才知道你是个男的，要不然，我还当你是第三者插足呢。”

大家都笑了。幽默驱散了夫妻间即将发生的一场风波。

5.“借语作桥”幽默法

“借语作桥”是指交谈中的一方从另一方的话语中抓住一个词语，以此为过渡的桥梁，并用它组织成一句对方不愿听的话，反击对方。过渡桥梁有一个特点，那就是两头相通，且要契合自然，一头与本来的话头相通，另一头与所要引出的意思相通，并以天衣无缝为上。

马克·吐温有一次在邻居的图书室浏览书籍，发现有一本书很吸引人。他问邻居是否可以借阅。邻居说："欢迎你随时来读，只要你在这里看。你知道我有个规矩，我的书不能离开这个房子。"

几个星期后，这位邻居来访马克·吐温，向他借用锄草机。马克·吐温说："当然可以，但是按我的规矩，你得在这栋房子里使用它。"

马克·吐温的幽默感表现在借用对方的词语表述了与对方意愿相悖的意思。

英国作家理查德·萨维奇患了一场大病，幸亏医生医术高明，才使他转危为安。但欠下的医药费他却无法付清。最后医生登门催讨。

医生："你要知道，你是欠了我一条命的，我希望有价报偿。"

"这个明白。"萨维奇说："为了报答你，我将用我的生命来偿还。"说罢，他给医生递过去两卷本《理查德·萨维奇的一生》。

这比向对方表示拒绝或恳求缓期付款要有趣得多。其方法并不复杂，不过是接过对方的词语（生命），然后以歪解，把"生命"变成"一生"。显然，两者在内涵上并不一致，但在概念上能挂上钩就成。

6. 模拟幽默法

"模拟幽默"就是把大家熟悉的原本的语言情境，移置新意，与原意形成对照，从而产生不协调之趣，造成幽默感。

运用"模拟幽默"要把握好这样三个字：名、热、新。名，就是你所模拟的应当是知名度高的名篇、名言、名句，或大家熟悉的成语、台词、俗话等。热，就是你要表达的内容应与时代合拍，最好是人们关心思考或者有争议的热门话题，这样就能很快引起人们的联想，产生共鸣。新，就是观点新。这是模拟幽默法的灵魂。也就是说，旧瓶装新酒还不够，还必须装上新的气息，以造成幽默的醉人气氛。

京东商城的创始人刘强东，在2016年“6·18”大促销前夕，为了与企业内部“吃供应商回扣”的腐败现象作斗争，他抓住了几个腐败的中层经理，并提交司法机关处理。然后他在大会上做报告。坚决地说：“谁说我们总是杀鸡给猴看？我们还要杀猴给鸡看！”

反腐关系到一个企业的生死存亡，“杀猴给鸡看”这个幽默的表达，在这场斗争中，不是扮演了一个恰如其分的角色吗？也立即让京东商城的全体员工理解了高层的立场。

7.“含而不露”幽默法

“含蓄表达”，是把重要的、该说的部分故意隐藏起来，却又能让人家明白自己的意思，而且把幽默寓于其中。

有一个酒店老板，脾气非常暴躁。一天，有位客人来喝酒。客人刚喝了一口，嘴里便叫：“好酸，好酸！”酒店老板大怒，不由分说，把客人绑起来，吊在屋顶上。这时来了另一位顾客，问老板为什么吊人。老板回答：“我店里的酒明明香醇甜美，这家伙硬说是酸的，你说该不该吊？”

来客说：“可不可以让我尝尝？”老板殷勤地给他端来一杯酒。客人呷了一口，酸得皱眉眯眼，对老板说：“你放下这个人，把我吊起来吧！”

后一个顾客显然机智地用含蓄表达法，幽默地表达了酒酸的事实，使老板明白了酒的确是酸的。

下面看看“含蓄表达”和“锋芒毕露”相对比的例子。

有一家理发店，门前贴着一副对联：“磨刀以待，问天下头颅几许；及锋而试，看老夫手段如何！”这副直来直去的对联，磨刀霍霍锋芒毕露，令人胆寒，吓跑了不少顾客，自然门可罗雀。

而另一家理发店的对联则含蓄幽默：“相逢尽是弹冠客，此去应无搔首人。”上联取“弹冠相庆”的典故，含有准备做官之意，又正合理发人进门脱帽弹冠之情形。下联意即人人中意，心情舒畅。两家理发店相比，效果自然不言而喻。

8.“曲说隐衷”幽默法

“曲说隐衷”的幽默技巧，就是拐弯抹角、曲折暗示地陈述，从而达到表述隐衷的目的。通常情况下，幽默与直截了当地表述隐衷无缘，直抒胸臆是抒情的效果，而不是幽默的效果。

有个酒徒，贪恋杯中之物，酒醉之后常常误了大事。妻子多次劝他，他怎么也听不进去。一天，他的儿子对他说了几句话，却使他心灵受到极大的震动，以后就再也不喝酒了。

原来，他的儿子说：“爸爸，我送给你一个指南针。”

“孩子，你留着玩吧，我用不着它。”

“你从酒馆出来时，不是常常迷路吗？”

在这个故事中，儿子用的就是“曲说隐衷”。儿子对父亲老是喝醉酒深为不满，但作为小辈，又不便直接对父亲的行为提出批评，于是便以这种委婉的方式向父亲提出劝诫。这种劝诫幽默诙谐，效果也是显而易见的。

9. 反语幽默法

“反语幽默”是造成含蓄和耐人寻味的幽默意境的重要语言手段之一。简言之，就是故意说反语，或正语反说，或反语正说。

实际上人们常爱说反语，比如，到朋友家参加聚会，你发现朋友的夫人越来越胖了。有幽默感的你就可以说：“啊，你怎么越来越苗条了。”对方会嗔怪地笑起来。

《镀金时代》是美国幽默大师马克·吐温的杰作。它彻底揭露了美国政府的腐败和政客、资本家的卑鄙无耻。小说发表之后，记者采访了马克·吐温。他答记者问说：“美国国会中，有些议员是狗婊子养的。”此话一经发表，各地的报纸杂志争相转发，美国国会议员因此暴怒，说他是人身攻击。正因不知哪些议员是狗婊子养的，便人人自危。于是群起鼓噪，坚决要马克·吐温澄清事实并公开道歉，否则将以中伤罪起诉，求得法律手段保护。

几天后，在《纽约时报》上，马克·吐温刊登了一则致美国国会议员的“道歉启示”：“日前鄙人在酒会上答记者问时发言，说‘美国国会中有些议员是狗婊子养的。’事后有人向我兴师问罪。我考虑再三，觉得此话不恰当，而且不符合事实。故特此登报声明，我的话修改如下：‘美国国会中有些议员不是狗婊子养的。’”

这段“道歉启示”，只在原话上加上一个“不”字，前边说“有些是”，唯其未指出是谁，因此人人自危；后改成“有些不是”，议员们都认为自己不是狗……于是，那些吵吵闹闹的议员们不再过问此事。

马克·吐温以他自己超人的智慧平息了这场风波。他以反语的手法，使本来对他怀有敌意的人们谅解了他。这就是反语幽默法的魅力所在。

10. 暗示幽默法

“暗示幽默”广为人们喜欢，其原因在于它在多方面对人们的面子进行了照顾。比如面子后面躲着自尊，如果有人在某些方面伤害了你，你用露骨的方法去刺他，不论他的面子后的自尊有没有教养，它都不允许自己被刺，那么仇恨、报复就由此产生了。

有一对夫妇，丈夫做错了一件事，妻子不但不理解，反而更加唠叨得令人生厌。于是，丈夫火气十足地说："请别这样唠唠叨叨了好不好，不然，我要在桌上痛打十巴掌了。"

"关我屁事，打呀，打。"想到肉痛的不是她自己，妻子反而火上浇油。"但是，"丈夫道，"经过这十巴掌的锻炼，第十一巴掌打在肉上可就有功夫了。"妻子戛然而止。大概她领会了丈夫内心的火气，不想让脸作为丈夫练功夫的沙袋吧。

在这个幽默里，丈夫打了十巴掌，第十一个巴掌打在什么地方，就是一种暗示。这个暗示包含了如下意思：我心里很火、很烦，需要理解和清静。现在我得不到这些，反而遭受另一种折磨，我有点忍无可忍了。因此，你最好住口，否则就别怪我不客气了。"功夫"一词，则承担了幽默的任务，这就是"暗示幽默"。

沟通的艺术

生活中的每个人都渴望友谊，希望拥有更多的朋友。但朋友都是由陌生人发展而来。一个会心的微笑、几句得体的幽默话、一个礼貌的动作等，都可以与他人相识。关键是得找出交往的契机，主动伸出友谊之手，打开对陌生人关闭着的心灵之门。然而有的人比较沉默寡言，虽然有交谈的欲望，却不知从何谈起。这就需要其中的一方改变态度，率先向对方发出友好信号，激起对方的谈话欲望，达到交流的目的。假若你的一个话题使对方产生了浓厚的兴趣，那么无论他是一个如何沉默的人，他都会发表一些言论的。谈话就能够一直持续下去。

◎ 提问：打开对方心扉的好方法

李文宇在一家大公司做客服，刚刚开始接受新的工作时，她的客户主要是全球500强企业的人力资源总监，他们谈到一些术语和概念，她一开始听不懂，但她并不会急于向对方弄清楚这个词的含义，而是很灵巧地向对方提问："您能否向我介绍一下贵公司talentpool是如何建设的？"于是对方的回答自然让她明白了很多talentpool的含义。后来，她又在与其他客户沟通过程中同样听到了这个词，那时她不仅能迅速反应出talentpool的含义，而且她还发现这是一个共性话题，几乎和所有客户打交道时都能用。

假如当初李文宇只是硬生生地问talentpool是什么意思，我想结果可能是：对方会解释给她听，但这样一来他原先的表达逻辑就被她打断了，而同时也意识到李文宇对这个行业不了解，于是他可能倾向于少说一些，或者只说浅层的东西让她知道，这样她所能学到的东西就很有限了。

沟通的艺术

问话的奥妙主要是靠自己去揣摩，因人、因地、因事而灵活运用。而一旦掌握了聪明、轻松打开话匣子的能力，你的人际沟通能力和社交能力就能显著提高。

◎ 提问的 13 个技巧

提问在交际活动中处于主动地位。一个“问”提出来，就决定了对方说不说、说什么、怎么说；也决定了双方的交谈程序和交际气氛。所以“问”具有一种控制能力，提问艺术也包括了这种控制技巧。

1. 见什么人问什么话

人有男女老幼之分，该由老人回答的问题，向年轻人提出就不合适；该向男性提出的问题，也不能叫女性来回答。

对性格外向的人尽管什么问题都可以提，但必须注意问得明白，不要把问题提得不着边际，否则很容易使谈话“走题”；对寡言好思的人，要开门见山、简洁明了，提问要富有逻辑性，尽量提那种“连锁式”问题，“你为什么会这样呢？”“后来呢？”等等，这样可以促使他源源不断、步步深入地谈下去；对那种敏感而又讷于言辞的人，要善于引导，不宜开始就提冗长、棘手的问题，通常以他喜欢的话题，由浅入深据实发问，启发他把心里话说出来，但必须注意绝不能向他提令其发窘的问题。

2. 提问必须掌握最佳时机

提问时机掌握得好，沟通的效果才佳。两个过去很要好的朋友都刚刚走上工作岗位，一个偶然的机会他们相遇了，互相询问：“你们单位怎样？工作还顺利吧，谈恋爱了吗？”显得既亲热自然，又在情理当中。但是，如果一位姑娘经人介绍与一位从未见过面的小伙子谈恋爱，公园门口两人准时赴约了，沉默了一会儿，姑娘抬起头来问："你谈过恋爱吗？工作轻松吗？工资多少？"其结局就可想而知了。中国人见面打招呼都喜欢问一句"吃了吗？"如果这话用在吃饭时间前后，倒也无妨，但如果下午三点左右在公共汽车上遇到熟人也问这么一句，就难免让人感到有点莫名其妙。

一般来说，当对方很忙或正在处理急事时，不宜提琐碎无聊的问题；当对方正专心欣赏音乐文娱节目或体育比赛时，不宜提与这支音乐或这场文娱节目和体育比赛无关的问题；当对方伤心或失意时，不宜提太复杂、太生硬、会引起对方不愉快的问题。

3. 提问也要看场合

比如你所领导的三个人都完不成你布置的任务，你想对此事加以证实并问清原因。你有两个办法：一是把他们一起找来问："是你们的一致看法吗？为什么？"二是把他们一个个找来问："你的看法和他俩一致吗？为什么？"前一问就不如后一问。因为前者三人在一起，人类固有的从众心理会不让他们说出实话来。因此，场合不同，回答就可能不同。

4. 提问要适应对方的心理

在问答过程中，提问的人、提问的内容、提问的方式，甚至提问行为的本身都会对被问人的心理产生一定的影响。提问人必须根据被问人的心理特点进行提问，这样才能达到提问的目的，收到较好的效果。

一位记者采访一位乡下的老大娘，一见面寒暄几句，就问："听口音，大娘是山东人，好像是鲁中的吧？"大娘一听就笑了："你这耳朵真灵。是山东阳谷县人。"记者又问："阳谷县？那不是好汉武松打虎的地方吗？景阳冈还有没有呀？”大娘谈起家乡来，话就更多了。她也不拘谨了，不把记者当外人，什么话都唠，甚至把村里的“内部新闻”也毫无保留地倒了出来。记者十分顺利地完成了采访任务。

身居异乡的人是最爱谈故乡的。记者的提问正把“兴奋点”选在谈故乡上，一下子就问到了“点”上，抓住了大娘的心理。这样的提问使原本陌生的人之间迅速地达到了心理相容和心理共鸣，也就搭起了沟通彼此心灵的桥梁。

5. 注意突出提问中的关键词

如饮食店的服务员问顾客：“您今天要些什么？”而不问：“您要些什么？”这个提问中加了“今天”两个字，虽看似无意，其实大有奥妙：因为他的提问就好像把顾客看成了老主顾，使顾客心里热乎乎的。

6. “二选一”选择问法

提问句按句式分有是非问、选择问、一般问、特殊问等几种，什么时候用哪种，这就有个选择问题。如有家咖啡店卖的可可里可以加鸡蛋。售货员就常问顾客：“要加鸡蛋吗？”这样一问，就有的顾客选择了不加鸡蛋。后来在一位人际关系专家的建议下，提问就变成了：“先生，您是要加一个鸡蛋，还是加两个鸡蛋？”通过这样的提问，就使顾客无论选择哪一种，都是选择了“加鸡蛋”，从而使销售额大增。

7. 变换语序提问法

提问时的顺序也对对方的心理起到非常重要的诱导作用。同样一个提问，如果顺序一变，就会意思大变，所得到的结果自然也大不一样了。如日本战后许多商店因人手奇缺，想减少送货任务，又不想影响原先承诺的送货到家等商业信誉。于是有的商店就将“是您自己拿回去呢，还是给您送回去呢？”的问话改为“是给您送回去呢，还是您自己带回去呢？”结果大奏奇效：顾客听到后一种问法，大都这样回答说：“还是我自己带回去吧。”这是因为，人们一般在听人谈话时往往注意后面的话，甚至多数人将一段话或一句话的最后一句当做结论性的话来看，所以，许多人在听到这种问话后就选择了后面的做法。这样，商店既达到了自己的目的，又不违背文明服务的原则。

8. 旁敲侧击提问法

这是指不从正面切入，而是从侧面指向问题的实质的一种提问方法。适用于双方经过一段时间的劝说与反劝说而未能取得理想效果的时候，一经“敲击”，很可能会别开洞天，取得“四两拨千斤”之效。

第二次世界大战期间，美国陆军参谋长乔治·马歇尔将军和三军总司令罗斯福总统就制定战略计划发生了分歧。马歇尔认为美国必须大力加强地面部队，而海军出身的罗斯福则认为，目前最重要的是要加强空军和海军的力量，双方交锋多时，相持不下。马歇尔心里对罗斯福对海军的偏爱很是不满，但没有明说。在又一次交锋中，一向面色冷峻的马歇尔突然摆出一副笑脸说：“总统先生，你不要一提海军就‘我们’，一说陆军就‘他们’，行吗？”说罢，客气地坐下，把那份战略计划推给了罗斯福总统。罗斯福仔细地看了一下马歇尔，不自然地笑了。他客观地研究了马歇尔的建议，最后终于接受了以地面部队为主导的观点。很明显，如果马歇尔大喊大叫

“你偏爱海军”与罗斯福纠缠个没完，结局会是如何难堪。而马歇尔先以一句话轻轻的“旁敲侧击”，再用以诚恳的祈使句“行吗”，不仅暗暗指责了罗斯福的偏颇，也暗示了如果罗斯福不去掉这种偏见将会对美国产生不利影响与危害，可以说是不卑不亢、一语千钧、意味深长。

9. 苏格拉底问答法

古希腊哲学家苏格拉底发明并最擅长的一种提问法。它的诀窍就是在劝说中避开分歧意见，先提出一些对方可以认可的问题，然后再一步步地使之接受与原来相反意见的一种方法。

比如，一对好朋友因为一点小事闹翻了，你要想使他们和解，就可以找到其中一位，向他先提几个问题：“他（指与之发生不愉快的那一位）这个人是不是为人很正直？”“是的。”“他是不是很讲义气，愿意帮助别人？”“是的。”“他是不是对你有过好处？”“是的。”“既然如此，就不要计较一些小事了，还是和好吧！”说到这里，一般人都会接受劝告。

心理学家认为，当人们作肯定回答的时候，全身组织放松，心情处于平静状态，因而易于接受不同意见。

要想成功地运用苏格拉底问答法，下列几点需要谨记在心：提问题多从对方的实际需要考虑；多提一般化的常识性问题，使对方不可能拒绝；多提无关宏旨的简单问题，不让对方多作思考；多提明确问题，不让对方作模棱两可的回答。

10. 类比诱问法

这种方法是把类比推理的过程变成一个个问句，诱使对方回答。古希腊的哲学家苏格拉底很善于利用类比诱问法说服人。有一次，他和一个人就道德问题展开辩论。对方认为说谎就是不道德的。苏格拉底问道："那么在战场上对敌人说谎是不是道德的？"对方只得承认是道德的，但却辩解说对自己人不能说谎。苏格拉底又问："在我军陷入困境时，为了鼓舞士兵斗志，对他们说谎是不是道德的？"对方又承认是道德的，但提出对亲人说谎不道德。苏格拉底接着问："父亲想让孩子吃药，便撒谎说药不苦，这是不是道德？"在苏格拉底的一连串类比诱问面前，对方心悦诚服地承认了苏格拉底的观点正确。

11. 用提问控制对方的回答

回答问题本来是被问人的事，但有时问话人可以在一定程度上控制对方的回答。如罗斯福在当选美国总统之前，曾在海军里担任要职。一天，一位朋友向他打听海军在加勒比海一个小岛上建立潜艇基地的计划。罗斯福向四周看了看，压低声音问："你能保密吗？""当然能。""那么，"罗斯福微笑着说，"我也能。"委婉含蓄的拒绝，轻松幽默的情趣，既表达了自己不能泄密的原则立场，又没使朋友尴尬难堪，这种控制对方回答的提问产生了非常好的效果。这种效果的取得，关键在于罗斯福接过对方的话头说"我也能"，但对方的话语却是罗斯福诱导出来的，罗斯福选择"能保密吗？"的是非之问，也就决定了对方必然会说"能"，而这恰好就进了罗斯福的"圈套"。

12. 用提问控制交际的气氛

两人问答时，气氛是紧张还是融洽，对交际效果很有影响。交际气氛可由提问的问题和方式来控制。如审讯犯人："你昨晚去没去会计室？""去过。""一个人还是几个人？""一个人。""去干什么？”“偷钱。”“偷没偷？”“偷了。”运用选择问句的句式和严肃的语气，使气氛紧张，对罪犯心理产生压力，收到了较好的效果。

13. 步步设问法

步步设问法，即不立刻说出自己的观点，而是连续设问，让对方顺着自己的思路作出肯定的答复，最后服从自己的思想。如孟子在批评齐宣王不会治国时就是采用这种方法。

孟子问：“假若您有一个臣子，把妻室儿女托付给朋友照顾，自己到楚国去了。等他回来时，他的妻子儿女却在挨饿受冻。对这样的朋友，该怎么办呢？”王答：“和他绝交。”孟子说：“假若管刑罚的长官不能管理他的部下，那该怎么办？”王答：“撤掉他！”孟子又问：“假若一个国家治理不好，那又该怎么办？”王这时只好“顾左右而言他”了。

这里，如果孟子首先就问第三个问题，那必然引起齐宣王的愤怒。孟子先设两问，诱导齐宣王作出肯定的回答，然后才提出“应该怎样处置不会管理国家的国君”这个他最终要提问的问题，这当然使齐宣王无以答对了。

沟通的艺术

日常生活中，同病人谈治病强身的事情，同家长谈培养子女的方法，同青年人谈今后的发展目标，同家庭主妇谈安排生活的诀窍，同学生谈提高学习效率的经验……这些话题无一例外都是对方乐于接受的。

◎ 说“不”：别让不好意思害了你

小王最近很苦恼：每当听到同事吆喝下班后一块去吃饭、喝酒、唱歌时，他便陷入进退两难的境地中。按个人意愿，他一点也不想去，只希望回家好好休息、看书、听听音乐，静静地享受独处省思的乐趣。但是他知道若是把这些想法讲出来作为婉拒的理由，会被同事取笑而成为笑柄。于是他压下了自己的意愿，顺从同事的模式，在喧闹、放荡、嬉笑中，度过一个又一个吃喝玩乐的夜晚。他越来越不快乐，越来越痛恨自己，想改变这种令他厌恶的上班式无味之友谊，想大声向同事们说“不”，可又总提不起勇气。他甚至觉得自己就像头被人牵来牵去的猪。

阿龙和小光是铁哥们儿，两人从学生时代就结下了深厚的友情，现在的感情仍不减当年，过年过节彼此互相请客道贺。小光结婚的时候，阿龙还特意送给两位新人一份特殊的纪念礼物，为此小光对这个朋友更是亲如兄弟。由于两位好朋友亲如一家，在一些礼节和行为习惯上就不那么讲究了，你来我往，像自家人一样。阿龙原本就是一个大大咧咧的人，不拘小节，不讲礼数，在这个朋友面前更是“不客气”。以前和小光同住一个宿舍的时候，阿龙经常把小光的物品当成自己的，吃饭的时候用小光的饭盒，口渴了拿起小光的水杯就喝，甚至困了就在小光的床铺上倒头大睡，对此，小光并不计较，因为是铁哥们儿嘛，你的就是我的。可现在小光结婚了，小光的妻子是个“爱讲究”的人，对他的朋友阿龙的表现虽然嘴上不说，但心里总在抱怨小光怎么交了这么个朋友。每到这时，小光总是说，其实阿龙并不坏、热心肠，就是有点太随便……这天，阿龙满头大汗地推开小光家的门，说要临时在小光家暂住几日，不等小光和妻子问明事因，阿龙就顺手拿起身旁的毛巾开始擦汗，接着轻车熟路地从床底下找出小光的拖鞋换上了……小光瞟了一眼面色不悦的妻子，尴尬得不知说什么好。

沟通的艺术

如果一个人和别人谈话总是说“是”，而不会说“不”，也是难有沟通的结果的。不会说“不”，不会表示拒绝的意思，就会让他人感到误解。所以，与人交往，该说“不”时就说“不”，不能因为爱面子拒绝说“不”，或勉强地服从别人的意愿。说“不”不会影响到彼此的交情，反而会给人一种有主见、有独立思想的印象。

◎ 说“不”和拒绝别人的 12 个技巧

1. 告诉朋友，朋友之间的分享是有原则的

与朋友交往，要学会分享。但分享也要遵循适度原则，不是所有的东西都可以分享。在人际交往上缺乏适度的距离，结果就会适得其反。

2. 告诉朋友，可以宽容，但不能纵容

宽即宽待，容即相容。宽容就是能设身处地为他人着想，谅解他人的过失，不计较个人得失。但是宽容不等于无原则的纵容，纵容是社交的障碍。

3. 告诉朋友，再要好的朋友也要彼此尊重

尊重是交际礼仪的情感基础。尊重对方也等于尊重自己，尊重还要做到入乡随俗，尊重他人的喜好和禁忌。彼此尊重，是处理人际关系的一项重要原则。

4. 对“太过分”的朋友直言规劝

敢于说批评话，勇于指出朋友的不足，是诤友的显著特征。或许这样可能让朋友不高兴，甚至得罪朋友。但抱着对朋友负责的信念，不怕一时得罪朋友，就要对朋友的一些“非分之举”进行规劝。而不是假装看不见，或睁一只眼闭一只眼，采取“多一句不如少一句”的态度。

5. 有关个人权益的事，不要不好意思说“不”

你千万不可不好意思，而应该大方大胆地争取、保护，你如果因为不好意思而丧失自己的权益，是不会有人感激你的。

6. 想拒绝的事，不要不好意思说“不”

很多人就是因为同事、朋友、亲戚的关系而不好意思拒绝，于是借钱给别人、为人做担保，甚至冒险为其两肋插刀。结果一句不好意思，帮了别人，害了自己！

7. 应该要求的事，不要不好意思说“不”

很多人就因为不好意思，而有很多话不好意思说，结果事情做不好，对方得不到好处，你也苦了自己。尤其是如果你已成为单位主管或负责人，在工作上绝对不可以不好意思要求他人，否则将失去权威，被部属欺瞒。

不过，要去除不好意思的性格是很不容易的，只能慢慢学习，逐步改善。只要你愿意，也能了解人性丛林里生存斗争的残酷，经过一段时间后，自然就不会动不动就不好意思了。

8. 诱导拒绝法

甲向乙打听机密，乙神秘地问：“你能保密吗？”甲说：“能。”乙接着说：“你能，我也能。”

9. 推托拒绝法

“前几天经理刚宣布过，不准任何顾客进仓库，我怎能带你去呢？”

“这个问题涉及好几个人，我个人决定不了。我把你的要求记下来，让人事部讨论一下，过几天答复你，好吗？”

“这件事我做不了主，我把你的要求向领导反映一下，好吗？”

10. 委婉拒绝法

“这个设想不错，只是目前条件不成熟。”

“这倒是个好办法，但我的上司恐怕接受不了。”

“主意不错，可惜我那天正好出差在外。”

11. 隐晦拒绝法

“小伙子，我真难以想象公司少了你怎么样，不过我从下星期一开始想试试看。”

“贵公司地理环境不太好，我看 ×× 公司可能更适合举办这次活动。”

12. 虚实拒绝法

问：“中国能拿几块金牌？”答：“到时候就知道了。”

问：“×× 认为贵公司不可能按时交货。”答：“他们有充分的言论自由，他想怎么说，就怎么说吧。”

沟通的艺术

谈话时不要不识深浅，误入禁区。每个人都有自己的禁区，譬如个人隐私、怪癖、生理缺陷等。这一类内容应当有意避开，不要去谈论。不然的话，轻则破坏谈话气氛，重则伤感情，甚至会导致争吵或关系破裂。

◎ 善意的谎言：沟通中不可缺少的抚慰剂

英国人劳比生性十分耿直，他憎恶在人际交往中说任何谎言，无论出于善意还是恶意。但他的耿直并没有使他获得鲜花和赞美。他在50年的生命旅途中为此付出了沉重的代价，并终于有所醒悟。他痛苦地发现一味地追求耿直讲真话，竟使他自己找不到一个可以倾心交谈的人，以至于连妻子和儿女也离他远去。劳比只能把自己的一生感悟写在日记上，讲给自己听。劳比回顾了不说假话的自己生活中处处碰壁的尴尬。他这样说："我到现在才相信，人与人相处是没有绝对诚实的。有时候，谎言和假象更能促进友情和爱情。"

一位涉世未深的青年也曾经向他的老师倾诉和劳比一样的苦衷。他从小受到做人要诚实的教育熏陶，可是走上社会之后，却经常因为不说谎话只说真话屡遭白眼。他希望老师能帮助他找出原因。这样的问题绝不是几句话所能说清楚的。老师考虑再三，只给年轻人说了两件事："当我的父亲与我探讨家庭大计时，我绝不会说假话；而当我的母亲因病重将不久于人世时，我会对她说：'没关系，医生说你马上就会好的。'这就是说真话和说假话的区别。"

一老一小两个相依为命的瞎子，每日里靠弹琴卖艺维持生活。一天，老瞎子终于支撑不住，病倒了，他自知不久将离开人世，便把小瞎子叫到床头，紧紧拉着小瞎子的手，吃力地说："孩子，我这里有个秘方，这个秘方可以使你重见光明。我把它藏在琴里面了，但你千万记住，你必须在弹断第一千根琴弦的时候才能把它取出来，否则，你是不会看见光明的。”小瞎子流着眼泪答应了师父，老瞎子含笑离去。一天又一天，一年又一年，小瞎子用心记着师父的遗嘱，不停地弹啊弹，将一根根弹断的琴弦收藏着，铭记在心。当他弹断第一千根琴弦的时候，当年那个弱不禁风的少年已到垂暮之年，变成一位饱经沧桑的老者。他按捺不住内心的喜悦，双手颤抖着，慢慢地打开琴盒，取出秘方。然而，别人告诉他，那只是一张白纸，上面什么都没有。泪水滴落在纸上，但他笑了。就在拿出“秘方”的那一瞬间，他突然明白了师父的用心，虽然是一张白纸，但却是一个没有写字的秘方，一个难以窃取的秘方。只有他，从小到老弹断一千根琴弦后，才能领悟这无字秘方的真谛。

在这里，师父的无字秘方是个善意的谎言，那秘方是希望之光，是在漫漫无边的黑暗摸索与苦难煎熬中，为徒弟点燃的一盏希望的灯。

沟通的艺术

生活离不开“谎言”，有些时候，你不能不说谎；在一些非常时候，甚至只有说谎，才会让事情的结局更加圆满。

◎ 说好善意谎言的5个技巧

说好谎话比说真话还要难上10倍，我们应消除对谎言的偏见和犯罪感。只有做到这一点，我们才能把谎言说好。而要想让这种编出来的事实真正发挥出它的作用，就需要巧妙把握好下面几个关键技巧。

1. 要编得合情合理，让对方真假难辨

在你编造某种真实的时候，要尽量显得合情合理，不能与现实生活的差距过大。要编得大致符合当时、当地、当事人的实际情况。

在交往的过程中，如果对方对你抱有某种程度的戒备与警惕，对你所说的一切也会本能地产生怀疑。这就更需要在编造时，在合理上下些功夫。有时，不妨来一点真真假假，造成一种虚虚实实的混沌局面。你不要说得太具体，让对方感觉你高深莫测。这时，对手感觉“实亦实，虚亦实”。于是，他就自然而然地相信你编造的全部内容。

2. 表达要疏而不漏，态度诚恳

说话时，语言的重要表达形式是声音。为了提高语言表达效果，应当辅以情感、神态、动作、语调等的帮助。对方对你所编造内容的接受程度，取决于对你表达的感知与理解的深浅。自己的表达越明晰、越确切、越执着、越有诱惑力，对方的感知与理解力就越强，从而，导致对方产生错觉的概率也越高。因此可以说，表达是在操纵对方的知觉。一旦开始编造假话，摆在自己面前的，是既要千方百计调动对手的情感，使他对自己建立起足够的信任，又要竭尽全力维护自己的虚拟，使对方没有任何怀疑的余地。要让对方明白：如果不相信你所说的，那么，便会给自己带来麻烦；只有相信你所说的，他才能获得利益，迫使他认为“相信你所说的”是他的唯一选择。

为了使你的假话更加有效，还可以利用人们的认同心理，站到对方的角度上，设身处地为对方的利益说话，使对方感到自己是为他好，双方的利益是一致的，并适当使用一些缓解对方警惕性的言语。诸如“事须三思，免致后悔”“考虑到我们双方的利益”“这是人人皆知的”“早就如此”“聪明的人都会这样做”之类。如此，对方就会自觉不自觉地相信你所说的话。

编造出的“真实”，由于经过周密思考和精雕细琢，往往更有可信度。虽然这是一种谎言，但从某种意义上讲，只要你说得合乎情理，它比真诚更能打动人。如果你能本着真诚的原则，编造出一些让他人容易接受而不伤害他人利益的谎言，那是你的高明。你完全没有必要固执于“绝对诚实”。相反，你若本末倒置，不分场合、不恰当的“真诚”也会让人对你避而远之。

3. 谎言也要真实

谎言也是生活中的一种真实，是无法真实时的一种真实。有时候，人们无法表露自己的真实意图，只能选择一种模糊不清的语言来表达真实。当你的女友穿着新买的衣服，问你是否漂亮，而你觉得实在难看时，你却不可能直接告诉她：“你的眼光太失水准了。”否则肯定吃白眼。于是你只能模棱两可地说：“还好。”“还好”是一个什么样的概念，是不太好或是还可以？这就是假话中的真实。

这样的谎言与违心的奉承和虚假的谄媚在本质上是有区别的。

4. 出于礼仪，谎言有必要

许多情况下，谎言非说不可。有时候说谎言是出于礼仪。例如，当你应邀去参加单位或朋友的庆祝活动前遇到不愉快的事情时，你必须把自己的悲伤和恼怒掩盖起来，带着笑意投入欢乐的场合。这种掩盖是为了礼仪需要，我们不能一味地加以指责。

5. 出于爱的需要

这是谎言得以存在的重要前提，许多谎言明显是与事实不符的。但因为它合乎情理，所以运用适当的谎言同样能体现我们的善良和爱心。例如，妻子患了不治之症，作为丈夫应该让妻子知道病情吗？许多人都会认为：不应该把事情的真相告诉妻子，也不应该在她面前流露痛苦的表情增加她的心理压力，应该让妻子在剩下的时光里生活得尽可能快活。当丈夫忍受着即将失去妻子的痛苦而说谎言时，他那与实情不符的安慰反而会带给我们感动，因为在这谎言里包含了丈夫对妻子的关爱以及对个人悲伤的克制。

沟通的艺术

每个人除了有若干“禁区”外，还存在“敏感地带”，谈话中都应当小心避开。譬如，不幸者忌谈他遭受不幸的往事，失恋者忌谈爱情与婚姻，残疾人的家庭忌谈残疾者，等等。有时，与医生、律师等专业人士交谈，在他们工作以外的时间里，不宜过分谈专业话题，如什么病该怎么医治等。同要人交谈，往往忌谈政治、宗教等问题。“敏感话题”很难处理，一般要尽量避而不谈。

CHAPTER 6

跟任何人都能交朋友的沟通方式

如果你要使别人喜欢你，如果你想他人对你产生兴趣，你注意的一点是：谈论别人感兴趣的事情。

——美国成功学导师　戴尔·卡耐基

一个人必须知道该说什么，一个人必须知道什么时候说，一个人必须知道对谁说，一个人必须知道怎么说。

——现代管理学之父　德鲁克

◎ 第一印象好，沟通难不倒

心理学上有一个规律，在和陌生人的交往中，他给我们的早期印象往往比较深刻。有以下这样一个心理学实验证明了这个规律。

心理学家设计了两段文字，描写一个叫吉姆的男孩一天的活动。其中一段将吉姆描写成一个活泼外向的人：他与朋友一起上学，与熟人聊天，与刚认识不久的女孩打招呼等；而另一段则将他描写成一个内向的人。

研究者让有的人先阅读描写吉姆外向的文字，再阅读描写他内向的文字；而让另一些人先阅读描写吉姆内向的文字，后阅读描写他外向的文字，然后请所有的人都来评价吉姆的性格特征。结果，先阅读外向文字的人中，有78%的人评价吉姆热情外向，而先阅读内向文字的人，则只有18%的人认为吉姆热情外向。

可见，人们在不知不觉中，倾向于根据最先接受到的信息来形成对别人的印象。这就是第一印象的作用。

一个新闻系的毕业生正急于寻找工作。一天，他到某报社对总编说：“你们需要一个编辑吗？”

“不需要！”

“那么记者呢？”

“不需要！”

“那么排字工人、校对呢？”

“不，我们现在什么空缺也没有了。”

“那么，你们一定需要这个东西。”说着他从公文包中拿出一块精致的小牌子，上面写着“额满，暂不雇用”。

总编看了看牌子，微笑着点了点头，说：“如果你愿意，可以到我们广告部工作。”

沟通的艺术

第一印象又称为初次印象，指两个素不相识的陌生人第一次见面时所获得的印象。第一印象在很大程度上还会影响别人对你的看法。这个大学生通过自己制作的牌子，表现了自己的机智和乐观，给总编留下了美好的“第一印象”，引起对方极大的兴趣，从而为自己赢得了一份满意的工作。

◎ 做好自我介绍，让大家认识你

著名作家张恨水有一次应邀到成都大学作演讲，他是这样开头的：“今天，我这个‘鸳鸯蝴蝶派’作家到大学里演讲，感到很荣幸，我取名‘恨水’不是什么情场失意，我取名‘恨水’是因为我喜欢南唐后主李煜的一首词《乌夜啼》‘林花谢了春红，太匆匆！无奈朝来寒雨晚来风，胭脂泪，留人醉，几时重？自是人生长恨水长东！’我喜欢这首词有‘恨水’二字，我就用它作为笔名了。”

面对陌生的学子，张恨水以解释自己的名字为开场白，短短的几句话既澄清了听众心中的迷雾，也使这些青年学生为大作家的纯朴、坦率而折服，“张恨水”这三个字可能会一辈子印在他们的脑海里，真可谓一举两得。

一次非正式聚会中，有两位初出茅庐的大学毕业生，他们都想结交举办此次聚会的主人张先生。张先生是一个商业奇才，不到十年时间就已经把自己的业务拓展到欧洲去了。

男生A这样介绍自己：“您好，我叫某某，今年刚毕业，正在找工作。”张先生当时有点愣，头一次听人这么介绍自己，只好接话说：“是吗？那加油啊，祝你早日找到满意的工作。”

其实，A的自我介绍有些不得要领。张先生和他完全不熟，在对他的性格和特长一无所知的情况下，A传达给张先生一个他正在找工作的信息，属于无效信号。自我介绍尽管只是简短的一两句话，但吸引别人的也许正是开篇的某个亮点。

就这点而言，女生B做得更好一些。她介绍自己的方式是拉近距离形成对比：“你好，听说您是一位商业奇才。”张先生赶紧说：“哪里算奇才，只是别人抬举罢了。”她笑吟吟地说：“我对做生意也很有兴趣，不过我更喜欢电子商务，我是一个商业学院刚毕业的学生。”

张先生对电子商务很有兴趣，这样他们就以电子商务为话题聊了起来。

沟通的艺术

对方将根据你给他们留下的第一印象来决定是否与你继续沟通。因此，不妨给自己设计一个独具匠心的自我介绍，以其新颖、奇趣、敏慧之词给对方留下深刻印象，让更多人认识你、记住你。

◎ 自我介绍的 5 个技巧

1. 可以提及双方共同的熟人和兴趣爱好

在社交活动中，如果希望新结识的对象记住自己，做进一步沟通与交往，自我介绍时除姓名、单位、职务外，还可提及与对方某些熟人的关系或与对方相同的兴趣爱好，如“我叫谭兆英，是广东人民出版社的财务主管，我与您夫人是同学”；“我是李海星，是新兴文化公司经理，我和您一样也是个球迷”。

2. 可以适当加点敬语

若在讲座、报告、庆典、仪式等正规隆重的场合向出席人员介绍自己时，还应加一些适当的谦辞和敬语，如“各位来宾，大家好，我叫王伟晨，是华东大学的教师，今天向大家谈谈自己在工作研究上的一些心得，有不当的地方请给予指正”。

3. 要选择自我介绍的时机

进行自我介绍，要简洁、清晰，充满自信，态度要自然、亲切、随和，语速要不快不慢，目光正视对方。在社交场合或工作联系时，自我介绍应选择适当的时间，当对方无兴趣、无要求、心情不好，或正在休息、用餐、忙于处理事务时，切忌去打扰，以免尴尬。

4. 礼节性介绍也要重视

在某些公共场所和一般性社交场合，自己并无与对方深入交往的愿望，做自我介绍只是向对方表明自己身份。这样的情况下只需介绍自己的姓名，如“您好，我叫许明君”“我是江佑林”。有时，也可对自己姓名的写法作些解释，如“我叫陈宇华，耳东陈，宇宙的宇，中华的华”，以加深别人对自己的印象。如果因公务、工作需要与人交往，自我介绍应包括姓名、单位和职务，无职务可介绍从事的具体工作，如“我叫陈昌礼，是大华公司的销售经理”“我叫蔡建新，在中海公司从事财务工作”。

5. 可以采用迂回的方式激发对方认识你的兴趣

在某些情况下，我们要向对方介绍自己，对方不一定会接受我们，而要做一些事来让对方欣赏，却又苦于找不到适当的机会。这时我们也可采取迂回的技巧，让对方在不知不觉中认识我们、接纳我们。例如，“我认识一个人（我们自己），他能帮助你……”“我知道有一个人的想法与你一样……”等等。

沟通的艺术

20世纪的口才大师、英国前首相丘吉尔在自己的第一篇口才学论文中曾认真地分析和论证了口才的语言技能问题。他得出结论：口头表达艺术主要有四大要素，而其中占第一位的就是口语的节奏。丘吉尔是深谙口才之道的，他将“节奏”列在四大要素之首，就是因为他切实体会到和懂得口语节奏具有十分强烈、深刻和丰富的表现力。

◎ 这样沟通，迅速拉近与陌生人的距离

在宽敞的大厅里，人们三三两两地聚在一起，有的仔细品味着杯中的美酒，有的在小声地跟同伴说话。这时，一位穿着得体的先生走了进来，他微微笑着，向每一个人点头致意。当他看到大厅的一角有个高个子的人正与同伴愉快地交谈时，他仔细地打量了一下那几个人，然后轻轻地走到那几个人的身边，当听到他们交谈的内容时，这位先生眼睛亮了一下，脸上显出很兴奋的样子，冲着几位礼貌地点头致意。

而那个高个子的人显然也注意到了这位先生，马上站直了身体，眼睛注视着这位先生。这位先生向高个子的人伸出了手，同时嘴里说着“您好……”

随着两只大手握在一起，一段愉快的交谈开始了。

沟通的艺术

面对一个很想认识的陌生人，你需要怎么做呢？那就是：开放的肢体语言，你要微笑，打招呼，握手，眼神接触，点头示意。总之，要让对方觉得，你是一个想与他交谈的人，并且是一个很友好善良的人。

◎ 和陌生人初次见面的谈话技巧

心理学表明，如果能够找到和陌生人的共同点，就可以打开初次见面互相不熟悉且心存戒备的窘境。

1. 察言观色，寻找共同点

一个人的心理状态、精神追求、生活爱好等，都或多或少地在他们的表情、服饰、谈吐、举止等方面有所表现，只要你善于观察，就会发现你们的共同点。

比如乘坐火车时，你可以巧妙地接近对方："你是哪个学校毕业的？"对方回答："××学校。""噢，算来咱俩还应是校友呢。"……于是，彼此的陌生感就轻而易举地消除了。当然，察言观色还要同自己的情趣爱好相结合，自己对此也有兴趣，打破沉寂的气氛才有可能。否则，即使发现了共同点，也还会无话可讲，或讲一两句就"卡壳"。

2. 以话试探，侦察共同点

可以打招呼开场，询问对方籍贯、身份，从中获取信息；可以通过听说话口音、言辞，观察对方情况；可以动作开场，边帮对方做某些急需帮助的事，边以话语试探；甚至借火吸烟，也可以打开交际沉寂的局面。比如乘车时，你可以问对方："在什么地方下车？""南京，你呢？""我也是。你到南京什么地方？""我到南京山西路一亲戚家有事，你就是此地人吧？""不是的，我是从南京来走亲戚的。"……经过双方的"火力侦察"，双方对县城熟悉、对南京了解、都是走亲戚的共同点就清楚了。这种融洽的效果看上去是偶然的，实际上也是有其必然原因的："火力侦察"，发现共同点，打破了陌生感。

3. 听人介绍，猜度共同点

你去朋友家串门，遇到有生人在座，作为对于两者都很熟悉的主人，会马上出面为双方介绍，说明双方与主人的关系、各自的身份、工作单位，甚至个性特点、爱好等，细心人从介绍中马上就可发现对方与自己有什么共同之处。

比如在生日聚会上，当主人把自己的朋友介绍给你时，你应留心观察，积极寻找这些朋友和自己有哪些共同点，找到和自己"志同道合"的人，接下来就不会觉得生疏了。这当中重要的是在听介绍时要仔细地分析认识对方，发现共同点后再在交谈中延伸，不断地发现新的共同关心的话题。

4. 揣摩谈话，探索共同点

为了发现陌生人同自己的共同点，可以在需要交际的人同别人谈话时留心分析、揣摩，也可以在对方和自己交谈时揣摩对方的话语，从中发现共同点。

5. 步步深入，挖掘共同点

随着交谈内容的深入，共同点会越来越多。为了使交谈更有益于对方，必须一步步地挖掘深层的共同点，才能如愿以偿。

一个度假的大学生和一位在法院工作的同志，在一个共同的朋友家聚餐，经主人介绍认识后，陌生人谈了起来，慢慢地二人都发现对社会上的不正之风的看法有共同点，不知不觉地展开了讨论，他们从令人不满的社会现象谈到产生的土壤和根源，从民主与法制的作用谈到对党和国家的期望，越谈越深入，越谈双方距离越缩短，越谈双方的共同点越多。

6. 恰到好处地适应陌生人的情感需求

在陌生人敞开心胸和我们说话后，如果你要想得到他们的支持，那么你应该接下来思考这样一个问题：怎么能够让他认同我？问题的答案很简单：恰到好处地适应陌生人的情感需求。你只有打通了陌生人的情感需求通道，才能让他彻底放下戒心，才会从心底里认同你。

首先，关心他最亲近的人。任何人总是关心着自己最亲近的人，如果一旦发现了别人也在关心着自己所关心的人，大都会产生一种无比亲近的感觉。交际就可以利用人们这种共同的心理倾向，从关心他最亲近的人切入，拉近交际的距离。

其次，在他心中建起“同胞”意识。如果能在交际之初迅速建立起“同胞”意识，就可以使对方放松对自己的警戒之心，而把自己接受为“自己人”。

再次，为他人助上一臂之力。热情相助最能博得人的好感。在日常生活中，那些具有古道热肠、为人厚道、不吝啬、好助人的人总能在邻里之间、同事之间获得好名声。因为人们一般都乐意与这些热心肠的人相识相交。

比如你帮正在上楼的邻居抬一把煤气罐，你就可以成为他家中的常客；替一个刚刚上车的旅客摆放好行李，你的旅途就多一个伙伴；为忙碌的同事沏一杯茶，你就会得到善意的回报。

最后，用温情暖化他人心中的坚冰。人们一般都认为，双方的矛盾爆发之后的一段时间，是交际的冰点。

但若此时一方能主动做出一个与对方预期截然相反的善意举动，就会使对方在惊愕、感叹、佩服、敬意之中认同你，从而化敌为友。交际的冰点就成了成功交际的切入点。

沟通的艺术

细节决定一切，谈话也是如此。重视每次谈话细节的人，往往是那些被称为说话高手的人，他们之所以成为口才高手，是因为他们不轻易放过任何一次交谈的机会，把说话的有利战果尽收囊中。

在我们的日常交际中，除了一些业务性质的交谈，一开始就要进入正题之外，一般社交性质的谈话，多半是从“闲谈”开始的。有些人就是不喜欢“闲谈”，他们觉得“今天天气怎样”和“吃过早饭了吗”这一类的话，都是无聊的废话，他们不喜欢谈，也不屑于谈，他们不知道像这一类看来好像没有意义的话，却对接下来的正式交谈起着至关重要的作用。是什么作用呢？就是交谈的准备作用，好比在踢足球之前，蹦蹦跳跳、伸手伸脚的热身运动。

◎ 与不同性格的人沟通时的10个技巧

很多人认为沟通能力的大小与性格有关，外向者善于与人沟通，内向者不善与人沟通，事实并非如此。性格内向者也有许多好朋友、性格外向者没有知心朋友这样的例子在现实生活中也不在少数。

1. 与性格热忱的人沟通容易将对方作为最佳伙伴

性格热忱的人不论从事哪种职业，只要充分发挥其性格，便能得到肯定与赞赏。这种性格的人最适合具有挑战性的职业，工作积极又有效率，是典型先锋性格。富创意、喜爱看到事情的光明面是他们的优点，并且是活在掌声下的人，喜欢受他人肯定。这种人还体贴他人的难处，让他人在工作上更有冲劲，所以有着很好的人缘。不论是上司、同事还是朋友，一旦了解他们，都会被他们的热情所打动，愿意成为他们的朋友。但是，性格热忱的人由于自主性过高、喜爱表现自己，故容易和别人在合作上产生冲突，不利于建立良好的人际关系。这种类型的人，不论是在工作、学习和娱乐中，参与感、掌声与赞美都是他们不可或缺的原动力。

2. 与性格细腻的人沟通容易将对方看作潜在的竞争对手

性格细腻的人很重视团体合作，不喜欢抢风头，这是他们的优点。因此他们通常都有着很好的人际关系。在同事的眼中，他们是温和善良的，不会耍计谋、陷害人的，因此同事都愿意与他们相处，并且很容易把他们当作自己的知心朋友。但他们有时那慢工出细活的行事作风，不免让性急的同事看不过去，但不会引起同事的厌恶。

个性温和的他们常扮演着沉默的角色，没有太多意见及野心，任劳任怨的个性常得到上司的赏识，是一个潜在的竞争对手。温和的他们也不是宰相肚里能撑船的人，细腻的性格使得他们对伤害过自己的人，往往不能原谅。这种性格的人，不但勤俭，也很能为老板精打细算，有着精细的省钱之道。

3. 与活泼性格的人沟通最快乐

性格活泼的人重视整体人际关系，很快便能适应新环境并结交新朋友，办事很有效率，再加上聪明及危机处理的应变能力，所以很讨上司喜欢。这种类型的人天生好奇，对所有的人、事、物都抱有很大的兴趣，喜欢学习各种新东西，对于新上手的工作，也能很快掌握，在公司里扮演通天角色。他们活泼的性格也使得他们经常是聚会和晚会上的灵魂人物，总能够吸引大家的注意。因此周围的同事或许会嫉妒，而与他们疏远，但他们活泼、不记仇甚至缠人的性格又会使得别人不好意思与他们生气，自然他们的人缘也不差了。

4. 与谨慎性格的人要谨慎沟通

谨慎性格的人对工作有高度的稳定性，善于察言观色、尽忠职守、生存力强，懂得上司与同事间的应变进退，并且善于营造和谐气氛，与同事合作性强，是容易相处的同事，又易得到上司赞赏的忠臣下属。这种性格的人在人际交往中，是很受欢迎的，因为他们既不爱出风头，又不会给人难堪，总是小心翼翼，让周围的人感觉没有杀伤力，并且他们说话总是头头是道，让你不由得不佩服他们的说服力。但是谨慎性格的人，由于不喜欢表露自己的真正情感，他们好像戴着一副假面具，捉摸不定让人心生却步，虽然并不会与人正面冲突，但是周围的人也不愿与他们有过多的交往，所以这种性格的人不容易交到知心朋友。

5. 与冷静性格的人沟通要讲究认真

冷静性格的人，做起事来一板一眼且小心翼翼，工作对他们而言是乐趣及成就感的来源，他们行事井然有序得令人佩服，但有时却又少了点变通的弹性，给人个性内向、拘谨的感觉。通常这种性格的人不懂得表达自己的个性，让人有不易相处的印象，加上要求又特别多，令人无所适从。所以在周围的人看来，他们是严格和没有幽默感的，所以大家不愿与他们有过多的相处。其实一旦与他们深交，就会发现他们的内心十分单纯，而且也很善于交谈。这种性格的人在交往中的最大障碍是不善于表达自我，不懂得让别人对自我有更多的了解。

6. 与擅长交际的人沟通要学点公关之道

这种类型的人有极佳的公关手腕，所到之处都能很快与人打成一片，主动是其人际关系的第一步，在诸多性格中可说是独占鳌头，好交际的性格更能博得上司的好印象与赏识。在社交场所中，这种人左右逢源，如鱼得水，通常都是焦点人物。但是他们喜欢轻松节奏、舒适生活，害怕过度出卖劳动力的工作，故常常做事缺乏计划、想比做的多，散漫、金钱观淡薄、企图心不强，又是“迟到一族”，这些均是造成他们晋升的绊脚石，也是让人不喜欢他们的理由。

7. 与沉默寡言的人沟通要打开对方心扉

稳定、内敛、不多言是沉稳性格给人的第一印象，但他们有着对人、事、物敏锐的观察力，缄默时的他们正处于“打量评估期”，所以这种性格的人总能很清楚地对周围的情况做出准确的判断，在任何事情上，都像旁观者一样的冷静和客观。这样的性格使得他们对周围的人总能提供一些客观有效的建议，因此在他们身边，总是有一群追随者。他们对工作有着自发性的精神，并能承受很大的压力，挑战高难度且完全投入做事的积极与面面俱到、果断令上司极为赞赏。有着情报局专员的本能与精神，能轻易打探各方线索、内幕消息、公司百态等。这种性格的人在哪里都是很有能力的人，他们天生就是让别人倾慕的。所以他们的人际关系很广，并且很值得信赖。

8. 与浪漫性格的人沟通要激发他们的创意

浪漫性格的人欠缺耐心，一成不变的工作态度可能会抹杀他们的创意细胞。生性爱热闹、热心、慷慨不计较金钱及随和的个性，使他们的人缘不俗，感觉敏锐且洞察力强，常以开玩笑方式说出对事情的见解，不容易感到像谨慎性格的人一样具有心机，反倒让人觉得平易近人、容易相处。做事勇于突破传统、有魄力，但一遇到挫折会很快打退堂鼓，缺乏愚公移山的恒心与毅力。

9. 与固执性格的人沟通要给予理解和协调

固执性格的人是尽忠职守把分内工作做好的人。他们在专长与技术领域中不断求进步，没有一步登天的投机心理，持有“一分耕耘、一分收获”的态度。具有主见及领导能力，对事物有相当的野心，是标准的工作狂热分子，在诸多性格中，跃居“最负责任感”之冠；而坚忍不屈的毅力是其成功之处。可是他们优柔寡断、固执己见的缺点可在其知错不改、明知故犯中一览无余。这种性格的人很难接受别人的意见，除非别人比他们优秀。这样的性格特征使得他们的人缘很差，因为他们总是让周围的人很难堪，并且错了也永远不会道歉。因此他们的人际关系很糟糕，但他们的朋友都是真正理解和关心他们的挚友。

10. 与脆弱性格的人沟通要多鼓励和激励

脆弱性格的人有着过人的智慧，工作上能独创见解，于计划及设计的工作中，能完整、高效益地分析与策划，对自己有高度的自信与优越感，却又非高傲冷酷得令人讨厌，但是他们脆弱的性格常常能引发别人的同情心，反而人缘相当不错。冷静、理性、客观、实践力强是他们成功的关键，但却缺乏坚持的能耐，常一碰到挫折就会轻易放弃，最害怕别人看到自己的失败，在他们心中只有“我”永远是最好的。所以，与脆弱性格的人沟通时，要给予不断的鼓励，增强他们的抗挫能力，使他们变得坚强而勇敢。

沟通的艺术

当你面对各式各样的场合，面对着各式各样的人物，要能做得恰到好处，实在不是一件容易的事。倘若交谈开始得不好，就不能继续发展彼此之间的交往，而且还会使得对方感到不快，给对方留下不好的印象。

自然、亲切有礼、言辞得体最重要。然而做到这一点，也不能说就一定会收到良好的效果。因此，平时除了你最关心、最感兴趣的问题之外，还要多储备一些和别人“闲谈”的资料。这些资料往往应轻松、有趣，容易引起别人的注意。

◎ 与不同脾气的人沟通时的9个技巧

与人交涉时，倘若能够明白对方属于何种类型，沟通起来就比较容易了。现在列举9类人供作参考。

1. 与死板的人的沟通方法

这类型的人，就算你很客气地和他打招呼、寒暄，他也不会做出你所预期的反应来。他通常不会注意你在说些什么，甚至你会怀疑他听进去没有。你是否也遇到过这种人？

和这种人打交道，刚开始多多少少会感觉不安，但这实在也是没办法的事。

遇到这种情况，你就要花些工夫，仔细观察，注意他们的一举一动，从他们的言行中，寻找出他们所真正关心的事来。你可以随便和他们闲聊，只要能够使他们产生一些反应，那么事情也就好办了。接下去，你要好好利用这一话题，让他们充分表达自己的意见。

每一个人都有他感兴趣和所关心的事，只要你稍一触及，他就会开始滔滔不绝地说，此乃人之常情，因此，你必须好好掌握并利用这种人的心理。

2. 与傲慢无礼的人的沟通方法

有些人自视甚高、目中无人，时常表现出一副"唯我独尊"的样子；像这种举止无礼、态度傲慢的人，实在叫人看了生气，是最不受欢迎的典型。但是，当你不得不和他接触时，你要如何对付他？

某个企业的一位副科长，说话虽然客气，眼神里却有些许傲慢，且不带一丝笑意，这种人实在是非常不好对付的，当我们初次会见时，就感觉有一种“威胁”存在。

对付这一类型的人，说话应该简洁有力才行，最好少跟他啰唆，所谓“多说无益”，因此，你要尽量小心，以免掉进他的圈套里头。

不要认为对方客气，就礼尚往来地待他，其实，他多半是缺乏真心诚意的；你最好在不得罪对方的情况下，言词尽可能“简省”。

当然，每个人都有自己的立场和苦衷，这位副科长可能自觉“怀才不遇”，或怨恨自己运气不好、无法早点出头；又由于其在社会上打滚甚久，城府颇深，故尽管不受领导眷顾，也会在“保卫自己”的情况下，与人客气寒暄。因此我们只要同情他，而不必理会他的傲慢，尽量简单扼要地交涉就对了。

3. 与沉默寡言的人的沟通方法

和不爱开口的人交涉事情，实在是非常吃力的；因为对方太过沉默，你就没办法了解他的想法，更无从得知他对你是否有好感。

一位新闻记者，为人沉默寡言，根本就不像是个记者。不论你和他说什么，他总是沉默以对，你真是拿他没办法。当有人给他介绍广告客户时，他也只是淡然地说声：“喔！是这样啊。”然后手持对方名片，呆呆地看书。

对于这种人，你最好采取直截了当的方式，让他明白表示“是”或“不是”，“行”或“不行”，尽量避免迂回式的谈话，你不妨直接地问：“对于 A 和 B 两种办法，你认为哪种较好？是不是 A 方法好些呢？”

4. 与深藏不露的人的沟通方法

我们周围存在有许多深藏不露的人，他们不肯轻易让人了解其心思，或知道他们在想些什么，有时甚至说话不着边际，一谈到正题就“顾左右而言他”。

双方进行交涉，其目的是了解彼此情况，以使任务圆满达成；因此，经常挖空心思去窥探对方的情报，使对方露出其“庐山真面目”来。

但是，当你遇到这么一个深藏不露的人时，你只有把自己预先准备好了的资料拿给他看，让他根据你所提供的资料，做出最后决断。

人们多半不愿将自己的弱点暴露出来，即使在你要求他做出答案或提出判断时，他也故意装不懂，或者故意言不及义地闪烁其词，使你有一种“高深莫测”的感觉，其实这只是对方伪装自己的手段罢了。

5. 与草率的人的沟通方法

这种类型的人，乍看好像反应很快；他常常在交涉进行至最高潮时，忽然妄下决断，予人“迅雷不及掩耳”的感觉。由于这种人多半是性子太急了，因此有的时候为了表现自己的“果断”，决定就会显得随便而草率。

他们经常会“会错意”；由于他们的“反应”太快，每每会对事物产生错觉和误解。其特征是：没有耐心听完别人的谈话，往往“断章取义”，自以为是地做出决断。如此虽使交涉进行较快，但草率做下的决定，多半会留下后遗症，招致意料不到的枝节发生。

倘若你遇到上述这种人，最好按部就班地来，把谈话分成若干段，说完一段（一部分）之后，马上征求他的同意，没问题了再继续进行下去，如此才不致发生错误，也可免除不必要的麻烦。

6. 与顽固不通的人的沟通方法

顽强固执的人是最难应付的，因为无论你说什么，他都听不进去，只知坚持自己的意见，死硬到底。跟这种顽固分子交手，是最累人且又浪费时间的，结果往往徒劳无功。因此，在你和他交涉的时候，千万要记住“适可而止”，否则，谈得越多、越久，心里越不痛快。

对付这种人，你不妨及时抱定“早散”“早脱身”的想法，随便敷衍他几句，不必耗时费力自讨没趣。

7. 与慢性子的人的沟通方法

对于行动比较缓慢的人，最是需要耐心。

你与人交际时，可能也经常会碰到这种人，此时你绝对不能着急，因为他的步调总是无法跟上你的进度，换句话说，他是很难达到你的预定计划的。所以，你最好按捺住性子，拿出耐心，尽可能配合他的情况去做。

此外应该注意的是：有些人言、行并不一致，他可能处事明快、果断，只是行动不相符合罢了。

8. 与自私的人的沟通方法

这世上自私自利的人为数不少，无论你走哪儿，总会遇到几个。这种人心目中只有自己，凡事都将自己的利益摆在前头，要他做些于己无利的事，他是断不会考虑的。他们始终在计算着自己的利益。正因为他们最看重数字，故有所坚持的一定是自己的利益；至于其他事情，他们不会在意如何做好它，只考虑怎样做才最省事。这种悭吝之徒，任谁都不会对他们产生好感。

9. 与冷漠的人的沟通方法

人的心态和感情，常常会透过脸部的表情显现出来，故在交际的时候，表情往往可供作判断情况的工具。

然而，有些人却是毫无表情可言的，他的喜、怒是不形于色的，这种人若非深沉，就是呆板。当你和这种人进行交际时，最好的方法就是特别注意他的眼睛和下巴。

常有人说："眼睛是会说话的。"诚然，眼睛是灵魂之窗，"观其眸子"你自然可以知道他的心思。

往往，你可以从对方的表情中，看出他对你所持的印象究竟如何？有时候，自己会过分紧张得连表情都不很自在，此时，你不妨看看对方的反应：是不加注意、无动于衷？还是已然察觉、面露质疑？留意他的眼神，你一定可以得到答案。

沟通的艺术

有时候，适度的紧张和放松，也可以在交际之中，形成一种理想的气氛。只是，当你明白对方的反应是受自己的应对态度所影响，进而影响到交际的结果时，就不得不特别注意、研究一下自己的言行举止了，特别是脸上毫无表情的人更应注意才行。

◎ 与不同年龄的人沟通时的 2 个技巧

长幼之间的谈话艺术，不仅仅是一个方式方法问题，其实更是一个态度问题。年长者与年幼者沟通应采取平易近人的方式，运用适当的语言技巧可符合晚辈的心理需要；而晚辈与长辈或长者沟通总的要求是以尊重为前提，以关心体贴为重点，给予长者更多的爱心。

1. 长辈对晚辈的沟通

对于已经成人的青少年，他们由于刚刚长大，自主自立意识增强，对父母、老师的“谆谆”教导已经厌倦了，产生或明或暗的抵触意识。这时，与之交谈，就要考虑到这点，尊重他们的自尊心，采取委婉方式，在“暗”话中启迪引导，使他们自己感悟和领会。

生活中有大事、有小事、有急事、有缓事，长幼之间性格也有急有慢，所以从这个角度来说，需要注意谈话的艺术。比如，母亲同儿子发生了争吵，做父亲的站在任何一方添油加醋，都会起火上浇油的作用。

在这种情况下，父子之间的谈话就要拖上几天，待儿子的火气平息以后，再站在公正的立场说话：“你妈发火当然不对，可你那样顶嘴也不好，晚辈和长辈说话时更要好话好说呀！”这样的规劝，肯定要比当场评定是非有效得多。

有些事情没有必要或者不方便把事情向年轻人、子女讲清楚，就可“长”话“短”说，把话题迅速切断，用几句最简洁而精练的话把很麻烦的事情解释开，或者转换一个话题。尤其在父母与年幼子女之间，有一些话题比较敏感，更宜用此法。

生活中的一些大事，尤其是有是非的大事不能仅限于暗示。长幼之间在谈论一些重要问题的时候，要讲究“硬”话“软”说的艺术。因为家庭不是法庭，父母不是法官，不能使用法官在法庭上面对罪犯所使用的语言同子女谈话。

有些做长辈的，在子女本来需要规劝的时候，却因使用了“语重心长”的方式，以至于子女同长辈疏远而不肯听从长辈的要求，在歧路上越走越远。

长辈要掌握这一谈话艺术，要注意几点：

第一，需要有正确的思想和态度，要有同子女平等相处的民主作风。如果你总是摆出“老子说一不二”的架势，是一定谈不拢的。

第二，需要有一定的文化素养，谈话幽默而深刻，自然会有说服力和吸引力。缺乏学识的长者只会训斥人，而不能使晚辈心悦诚服。

第三，需要有控制自己的能力，使自己能当急而不急，当怒而不怒，不论在家庭中还是在社会上都一样讲究谈话的方式和方法。

2. 年幼者同老年人（长者）的沟通

人到老年，各种生理机能减退，思维迟缓，行动不便，甚至说话不清，而且心理上也发生了很大变化。比如，过分相信自己的经验，固执己见，难接受新事物，爱唠叨，喜欢回忆往事，爱听颂扬之词，怕听批评意见，等等。有的老人甚至还有一些怪癖。因此，与老年人交谈，就必须根据他们特殊的心理、生理状况，运用得体、合适的语言达到沟通的目的。

作为晚辈，应当用古今中外寿星的故事去鼓舞和激励老人与衰老、病痛抗争，还应用科学的保健知识去指导他们。比如：

“昨天我步行了18.5公里路。”一个老年人说，“呃，一个67岁的人，不能说不健康吧！”当然你只有一句话可以回答：“琼斯先生，我当你还不到56岁呢！”“我可是已经67岁了。”他有些喜悦地重复说着。“我想这是不可能的吧！”你再次强调着。这时你可以感觉到，老人心里非常高兴。

所以，在你与一个老年人谈话的时候，你先不必直接提起他的年纪，你只提起他所干的事情，而这些事情与他的年纪无关，这样你的话语就能温暖他的心，使他觉得你是一个非常可爱的人。

年幼者与老年人沟通，需要把握以下几个原则：

第一，青年人要主动关心老年人，以礼相待，取得老年人的好感。

第二，青年人要虚心向老年人请教，既在知识上获益，又使长辈感受到尊重。

第三，努力适应和宽容老年人的一些缺点和与青年人不同的一些习惯，关心老年人的生活，常与他们交流感情，这样才能更好地与年长者沟通。

第四，不要乱开玩笑。同龄人相见开开玩笑，相互戏谑，能给生活增添乐趣，即使荤素兼行，亦无伤大雅。但跟老年人却不要乱开玩笑，弄不好就会触怒老年人。

第五，不能直指其错。老年人虽人生经验丰富，知识修养也较高，但是总会有智者之失。年轻人发现后不应直接指出，以免损害老者的自尊心。

第六，不要显能炫耀。年轻人跟老年人交往，尊重老人为第一要务，谦虚恭敬是起码要求。在老人面前显能炫耀，既是一种不恭的表现，也是一种失礼行为。

第七，不要心不在焉。老年人一般比较爱唠叨，回忆起往事，或提到自己得意的事，便没完没了。因此，跟老年人交往就要有耐心。倘若老人谈得津津有味，而你却左顾右盼，显得不耐烦，必会给老人一种不好的印象。

沟通的艺术

我国古来有句俗语叫做“谦，美德也，过谦则诈”。我们对别人说话，谦虚是应该有的，因为你的谦虚，会让别人容易接近。可是，你过分地谦虚了，你的谦虚便失去了价值，而且别人也无法相信你。一位演说家，当他登台之后，便对听众说道：“诸位，真是很对不起，今天我所讲的题目，并不是我所熟悉的，我对这题目也没有多少的研究，准备也不充分，所以今天所讲的可能也没有多大价值，讲得不好，请一定见谅。”

一位演讲者对台下听众这样讲着，在他自己看来是谦虚，可是别人能否相信他呢？所以，我们要想说话有力，首先谦虚应该得当。

◎ 与异性沟通时的 6 个技巧

与异性讲话，不同于与恋人和夫妻之间的讲话。由于性别的敏感性，在同异性讲话时，人们特别容易感到性别的差异，因而自觉或不自觉地抑制自己的情感，从而影响自己的口才和讲话能力。

比如，在讲话时，异性之间会故意回避有关性的问题，很少使用与性有关的字眼，甚至有关性、爱情的学术讨论都难以开展。在同异性讲话时，人们的坐、站、行的姿势都会尽量掩盖性的特征。有的人同异性讲话就很不自然，心情十分紧张。如果不讲究讲话技巧和艺术，就很难收到预期的效果。下面介绍几种非常有效的与异性交谈的方法。

1. 投其所好

有很多人在异性面前只注意谈他们自己感到有兴趣的事情，而这些事情也许是人家感觉非常无趣而无聊的。这样的谈话肯定不会有好的效果，如果把这方法反过来应用，你去引导别人谈他所感兴趣的事情，例如，关于他的专长、成就，等等。这样做，即使你的谈话不多，也会给人家一种亲切的印象。例如，我的朋友蒙子在中秋节来临时，乘车回去与家人团聚。碰巧和一个“她”坐在同一排座椅上。而他不久便发现了身旁那道新的风景：身材苗条动人，一双大眼睛充满灵气。于是蒙子在心里悄悄地对自己说：“噢，要是能认识她该多好啊！”但该怎样认识呢？后来他见到“她”面前放着一本《文学词典》，这才灵机一动，开口问道：“嗨，小姐，你带着一本《文学词典》，想必也是一个文学爱好者啰？”就这样，由他那句话作引子，他们从鲁迅、胡适谈到三毛、王蒙；从唐诗宋词谈到朦胧诗小散文……谈到终点站时两人就已交上了朋友。

2. 没话找话

现实生活中有时会出现这样的情况，当你跟自己想与之交谈的异性交谈时，他或她却要拒你于千里之外或实行逃避主义。这时该如何对付呢？最好是找个借口，找个美丽的借口使其愿意与你继续交谈。

据说国外有这样的故事：一漂亮小姐坐在火车上，乘客寥寥无几。未过多久，上来了一个男士。他环视了车厢之后，发现只有那小姐孤零零地坐着，就准备坐在这个小姐身边。小姐向车内看了看，发现还有许多空位，于是抬头看他，说：“为什么你单单选择这个位置呢？”“因为我经常坐在这个位置，这里是能得到幸运的位置。”她拿出行李站起来：“原来是这样，那么请坐吧。我可以到别的空位去。”等她换了另一个位置后，那位男士也随着跟了过来。“嗨，你怎么离开你的幸运位置了？”“因为我已经抓住了幸运，所以，我决定抓住不放。”那个小姐听了这样的诡辩，一下子笑了，说：“你这人也真够幽默。”“这就是我的风格呀……”就这样，双方的话题一下子打开了。

3. 赞美鼓励

人是喜欢被称赞的，无论 6 岁还是 60 岁的人都一样。与异性说话时用赞美来鼓励，满足了他的自尊心，就比较容易打开其话匣子。这个方法同样适用于你的部属或同学、你的丈夫或太太，以及你所打交道的一切熟人和陌生人。

4. 谈论趣事

聪明的人，在与异性谈话时恰到好处地选择那些生活趣事作话题，既可以消除彼此间的距离，更容易产生共鸣，增加亲切感。比如选择一些比较轻松、大众化的话题：影视圈里的绯闻轶事，音乐界里的排行夺魁，校园生活的诗情画意，等等。

有一次，家里来客，是妻子智君的两位女同学。她在厨房尽“马大嫂”（买、汰、烧）之责，由丈夫陪聊。毕竟是第一次见面，她俩免不了忸怩起来。

丈夫赶紧调侃道：“早就听智君讲，两位大小姐的烹调手艺很够品位的，今儿个你俩就给智君搞个技术鉴定，免得她竖着尾巴招摇过市，我很没面子的哦！”两位小姐抢着自谦起来：“哪里呀，对烹调我们都没有研究，只是一些雕虫小技，远比不上智君姐的手艺地道，哪日先生赏光，我们献献丑哇！”丈夫一席话，很快消除了彼此的生疏感，使双方的交谈很快进入佳境。

5. 随机应变

和异性交谈，要比和同性谈话加倍地留心才是。因为你对他（她）所知甚少，加之性别的缘故，彼此之间的话题就显得特别谨慎敏感。所以你不得不重视任何可以得到的线索和暗示，随机应变地调整你的语言。

炜正暗恋着公关小姐玲。一日他带客人到大酒店“宿营”，顺便找到玲联络感情。可是玲以往见到他时的满面春风已无影无踪，迎接他的是神情倦怠、忧悒寡欢。炜不明真情，不敢造次，只好用“大众情话”开玩笑道：“嗨！大小姐依然阳光灿烂，真是一天一个崭新的气象呀！”“唉，什么灿烂啦！崭新啦！生活还是做圆周运动。”

玲沉默片刻后，无精打采地敷衍着炜。

“是呀，生活是在做圆周运动，可我们作为圆周运动上的一个分子，每天都在发展自己呀！瞧你，昨天春光明媚活泼浪漫，今天秋色深沉睿智练达，处变不惊。佩服！佩服！”

“佩服什么呀，你别美化我啦，我正为无故遭到总经理训示，好生难过哩……”显然，玲被炜的细心体贴所感动，终于敞开心扉与炜畅谈起来。

6. 善用激将

与异性交谈，有时会遇到特别矜持的异性（女性居多）。当男子首先向她说话的时候，她像惜语如金似的仅用“是”与“不是”作答，无论你如何发问，她总是简单作答。对于这样性格的异性，你就要锲而不舍，耐着性子继续进攻，你要相信，时间能慢慢地使陌生者变得亲切起来，甚至引出她最有兴趣的话题，逐步改变“话不投机”的局面。

阿祥因写一篇市场调查报告，需要找微机操作员文姝小姐查看有关资料，可看见文小姐那满脸修女神情，心虚发慌了。稍定后，阿祥与她攀谈起来：“文小姐每天倒挺忙的啊！”“对！”“你操作微机如此熟练有些资历了吧？”“不长！”……几个回合下来，文姝不但始终斩钉截铁般吝啬作答，而且脸色一直未解冻。于是阿祥转变谈话策略，“听办公室主任讲，我们单位有两位天使最驰名，你猜是谁？”“不知道！”文姝依然简单作答。

“好，我告诉你。一个是公关天使阿凤，另一个就是小姐你呀！”阿祥放慢谈话速度说。“他们叫我什么天使？”阿祥见文姝的玉容终于活跃起来，故意顿了顿说：

“叫你冷艳天使啊！”

“简直胡说八道，阿祥，你看我像那么冷的人吗？其实……”文姝的话匣子终于被打开了。

沟通的艺术

言为心声。语言的使用，主要取决于说话者的思想水平、文化修养、道德情操，但讲究语言的艺术也同样十分重要。同样一个思想，从不同的人嘴里说出，往往会收到不同的效果。

同样，不同的人接受他人意见的方式和敏感度都是不同的。一般来说，文化水平较高的人，不屑听肤浅、通俗的话，应多用抽象的推理；文化层次较低的人，听不懂高深的理论，应多举明显的事例；刚愎自用的人，不宜循循善诱，可以激他；喜欢夸大的人，不妨诱导；生性沉默的人，要多挑动他发火；脾气急躁的人，用语要简明快捷；思想顽固的人，要看准他的兴趣点，进行转化；情绪不正常的人，要让他恢复正常后才谈。如此等等，只有知己知彼，才能对症下药，收到最好的说服效果。

◎ 与名人沟通时的 4 个技巧

在一般人看来，与名人交谈是生活中不可避免但又令人发憷的事情。其实，只要你了解“名人也是人”这样一种心理基调和掌握几种恰当而有效的交谈辞令，根据名人的具体情况与此时此地的情境有所选择地发挥你的口才，一样能达到正常沟通和交流的目的。

请记住与名人沟通三要素：谈名人最感兴趣的话题；赞美名人最得意之处；对名人表示尊重和关注。

1. 表示你的尊重

人人都渴望得到尊重。而对尊重的渴望，一向在社会中得宠的名人更迫切、更强烈。因此，在与名人打交道时，准确而真诚地表达你对名人的尊重是交际谈话成功最关键的一条。

一位酒店经理所在的酒店接待了一个著名的艺术团体，其中有不少是国内著名的艺术家。经理在致欢迎词中热情洋溢地说：“世界上有两种富翁：一种是物质的富翁，一种是精神的富翁。而今天来到我们酒店的诸位艺术家就是精神的富翁，你们拥有不能用金钱物质来计算的精神财富。同是有良知的人们，不一定为物质的富翁鼓掌，但一定为造诣深厚的艺术家们鼓掌，这掌声就是你们的价值。我非常倾慕你们的富有，倾心于你们的价值，假如来世我再投生，我愿走进你们的行列，做一名光荣的艺术家……”全体艺术团员们对酒店经理这段情真意切的欢迎词报以长久的雷鸣般的掌声。艺术团团长激动地紧握经理的手，连声感谢这一番激动人心的鼓励，最后引用了诗句："世间确有真情在，人海茫茫有知音。"

这个经理以真诚的话语表达了对艺术家的尊重，而且蕴含着深刻的哲理，难怪会使艺术家们对他刮目相看。

2. 表达你的赞美

这种赞美应是由衷的、发自内心的，它同样源于你对名人的尊重。表达赞美就是在表示了尊重的前提下对名人某一方面的突出、杰出或特别的地方加以夸赞，使名人对你顿生好感。

有一个大学讲师想请北京某文化名人为自己即将出版的书题写书名，得知来访者的意思后，这位一贯以幽默著称的名人笑着说："是题字啊，可以，不过，现在讲究经济效益，请我题字是不是应该付点钱啊！便宜一点儿吧，300元一个字，怎么样？"这虽然是开玩笑，但年轻的讲师也听出了这位名人似乎对常有人打他的手迹的主意有些抱怨之意。于是，她说："×先生，您这话可是只说对了一半哟。要得到您的墨宝，理当付钱。可是，您的字何止值300元钱一个呢？比如说，我想要一件值300元的衣服，这家商店买不着，还可以到别的商店去买呀，可您的墨宝只可能出自您的手下，天底下别无他处可寻呢。那么，在我看来，您的哪个字都真正的是无价之宝啊。我付多少报酬恐怕也不够呢！"几句话说得这位早已听惯了恭维之辞的知名人士竟觉得"别有一番滋味儿"，遂"欣然命笔"。

3. 表达你对名人从事职业（专业）的兴趣

这实际上就是谈名人最感兴趣的话题，谈名人最喜欢谈的话题，谈名人最能发挥出色的话题，从而使名人乐意与你交谈，进而增进沟通了解，达到你的交谈目的。

一位青年教师在一个语言学术研讨会上见到了著名语言学家张

志公先生。由于年事已高，加之旅途劳顿，会议主持者告诉其他人不要打扰张老休息。但这个教师非常渴望见到他景仰已久的前辈。于是，这个教师在会间休息的空隙不失时机地先介绍自己，然后说："张老，不论在语言学还是年龄上，我都是您的晚辈，今天相见是我渴慕已久的。我在上大学时就拜读过您的几本著作，我的毕业论文就是论述您与语言学研究方面的，后在一家学报发表了，请您多多加以指教。（递过剪贴卡）张老，我对语言学研究入了迷，这次会上我也带了篇论文，也想请您指教。如果可能，还想麻烦张老与大会主持说一下，让我在会上交流一下。只要十分钟！您德高望重，肯定能行的！"张志公听后，很愉快地答应了青年教师的要求。可见，谈名人最感兴趣的话题，再转以对他们的崇敬与尊重，会很有效地打动名人的心灵。

4. 当你遇见的名人声望日趋下降时

当你遇见一位曾名噪一时而现在已不再引人注目的人物时，你通常要三思而后行。人们很想得知年岁较大的政治家、演员和运动员，面对事业上、政治上的黄金时代即将过去这一事实有何感触，但又不愿为了获得这些消息当面提问而刺伤对方的自尊心，最好的办法是用风趣活泼的三言两语扫除跟名人初次交谈时的拘束感和防卫心理，以活跃气氛，增添对方的交谈兴致，这是炉火纯青的交际艺术。

沟通的艺术

和人谈话，要注意到态度。切不可拉住别人的衣袖，手舞足蹈地讲话，应当和顺一些，切忌妄自尊大，平常的话要避免争论。谈话最好一般化，外表应坦白而率直，内心应谨慎而仔细。

CHAPTER 7

跟任何人都能聊得来的沟通法则

要使人信服，一句言语常常比黄金更有效。

——古希腊哲学家　德谟克利特

情感本身蕴含着巨大的能量，这可以帮助解决情感表达的问题。

——中国作家　卢家楣

◎ 善解人意，从迎合对方的嗜好开始

耶鲁大学文学教授威廉莱亚·惠勒普斯，在《人性》这篇论文中这样叙述——

我在6岁那年，有一个星期六去斯托拉多姨妈家度周末。记得傍晚时分，来了一个中年男子。他先和姨妈嘻嘻哈哈谈了好一会儿，然后便走近我面前和我说话。当时我正迷上小船，整天抱着小船爱不释手地玩。以为他只是随便和我聊几句，没想到他对我说的全是有关小船的事。

等他走了以后，我还念念不忘，对姨妈说："那位先生真了不起，他懂得许多关于小船的事，很少有人会那么喜欢小船。"

姨妈笑着告诉我，那位客人是纽约的一位律师，他对小船根本没有研究。

我不解地问："为什么他说的话都和小船有关呢？"

"那是因为他是一位有礼貌的绅士，他想和你做朋友。知道你喜欢小船，所以专门挑你喜欢的话题和你说。"姨妈笑着告诉我其中的道理。

台湾有位女明星需要一两个短剧本，她希望日本一位很有名的作家能够为她动笔。这位作家文笔风趣，但他脾气很古怪，一般人的约稿经常被拒绝。

这位明星打电话给他的朋友，请教一下该怎样向作家开口提出要求。

“你究竟打算请他写些什么短剧呀？”“我希望他替我写男女别恋，不过要有新的内容，不要以前的故事。”“这样很好，他以前写过不少这类的东西，你只需说知道他写过这些剧本，十分崇拜他就行。”

过了两天，这位明星给他朋友打电话，很高兴地说：“他不等我提出要求，就答应替我写两出短剧了。”

她朋友说：“你们晚餐时，你一直在谈论他过去那些得意之作，是吗？”“你猜得对，我主要是讲他的作品在台湾如何受人喜爱。”

沟通的艺术

聪明的人在结交陌生人的时候——即使是小孩子——也懂得迎合对方的嗜好，这样能让对方感觉到受重视、受尊重。当然，这个“迎”，一定要迎合得巧妙，不能让对方看出任何破绽。

◎ 找到“共同语言”，就没了话不投机的尴尬

富兰克林·罗斯福是美国第32任总统，1911年，他结束了非洲的考察回到了美国，准备参加第二年的总统竞选。很多人都非常看好这位年轻人，因为他是前美国总统西奥多·罗斯福的堂弟，又是一位非常有名的律师，知名度很高。

但是，开始时罗斯福并不是很顺利，虽然很多人都认识他，可是他却不认识那些人。

有一次在宴会上，很多人都跟他打招呼，他也礼节性地回应他们，可是罗斯福发现，那些人尽管跟他打了招呼，但脸上的表情都是很冷漠的，似乎看不出对他有好感的样子。

必须改变这种不利的局面。罗斯福想出了一个接近自己不认识的人并能同他们搭话的主意。于是，他对坐在自己身旁的陆思瓦特博士悄悄地说：“我很想认识这些人，但又对他们不是很了解，您能给我说说他们的大致情况吗？”陆思瓦特博士对参加宴会的这些人很了解，又是罗斯福很要好的朋友，他当然会帮忙了。于是他就把那些人的情况说给了罗斯福。这样，罗斯福的心里就有了底。他热情地走向他们，根据自己知道的一些情况向他们提出了几个简单的问题，从中了解到他们的性格、特点、爱好，知道了他们曾从事过什么职业，做了什么事情，最得意的是什么。掌握了这些，罗斯福就有了同他们闲谈的资料，并引起他们交谈的兴趣，在不知不觉中，罗斯福成了他们的新朋友。

沟通的艺术

事实上，几乎每个人或多或少都有一些可以和别人分享的趣事，但是许多人会因为自己与别人的见解不同而羞于表达。如果我们能找到共同的话题，彼此坦诚相待，就能谈得投机。

◎ 化解“无话可说的尴尬”的6个技巧

寻找一个合适的话题而使谈话逐渐展开，并不是很困难的事。你不妨采用以下办法化解话题不当或无话可说的尴尬。

1. 留心观察

从一个人的服饰、举止、谈吐可以看出他的心情、精神状态和生活习惯。开始谈话前首先看对方有何与自己相同之处。例如，他和你一样都穿了同一个品牌的运动鞋，你就可以以运动鞋为话题开始你们的谈话。

2. 以话试探

两个陌生人相对无言，为了打破沉默的局面，首先要开口讲话，可以采用自言自语，例如，“这里人真多啊”“今天的美酒很特别”“天太热了”，对方听到这句话便可能会主动回答将谈话进行下去。还可以以动作开场，随手帮对方做点事，如帮对方拉开门等。

3. 向对方坦白，说出自己的感受

最健谈的人就是勇于坦白的人。坦白地说出“我不知道该讲些什么”“我在这里一个人也不认识”，总比让自己显得拘谨冷漠好得多。例如，在一个宴会上可以自言自语：“我太容易脸红了，与这种宴会格格不入。”无论如何，将自己的感受向第一个似乎愿意听的人说出来，这个人可能就是你的知音。

4. 以对方为话题

人们往往千方百计地想使别人注意自己，但结果都令人失望，因为他不会关心你、我，他只会关心他自己。因此，以对方作为谈话的开端，往往能令他人产生好感。赞美陌生人的一句“你的衣服颜色搭配得真好”“你的发型很新潮”，能使他快乐，并缓和彼此的生疏。

5. 直接向对方提出问题

许多难忘的谈话都是由一个问题开始的。例如，可以常常问别人：“您每天的工作情况怎么样？”通常对方都会热心地回答。而对较内向、看来羞怯的人，不妨多发问，帮助他把话题延续。

6. 以自己所处的周围环境为话题

如果对一个陌生场合感到十分好奇，我们就可以说“这里的雕塑可真精美啊，不知出自哪位名家之手”，这样与对方可以展开一段谈话。例如，有一次大刘在火车站接人，一个陌生人环视了一下周围，然后打破沉默，开口跟大刘说：“在候车站上可以看到人生百态！”这就是一个很好的话题。

总之，谈话的话题有很多，这就看我们是不是留意了。不要以为陌生人都很难接近，他们也和我们一样希望认识更多的朋友，有时随便一个不是很恰当的话题也能引起对方的交谈兴趣。

沟通的艺术

在任何谈话之中，必须记住，切不可以说到会触怒他人的话题上去。因为凡是在你面前听你谈话的人，一定会从你的谈话中窥测你的个性，同时也在留意你日后是否会说他本人的坏话。

◎ 礼貌用语：尊重他人并获得他人尊重的必要条件

一批应届毕业生到国家某部实习参观，部里秘书给他们倒水时，22 个同学中，21 个表情木然，一句普通的客气话都没有，有的还问："有绿茶吗？天太热了。"

等到部长来看望，并亲自送给部里印的纪念册时，这 21 个同学坐在那里一动不动，用一只手接过部长双手递过来的纪念册，弄得部长很尴尬，脸色越来越难看。

有一个叫林晖的同学与他们形成了鲜明的对比。轮到他时，他轻声说："谢谢！大热天的，辛苦了。"当部长快要没有耐心的时候，又是林晖礼貌地站起来，身体微微前倾，双手拿住纪念册，恭敬地说了一声："谢谢您！"

后来部里点名要林晖，连林晖自己都觉得偶然。但是，偶然背后有必然。这个必然恰恰是他不经意表现出来的礼貌素养。

沟通的艺术

礼貌用语是谈吐文雅的重要体现，是展示谈话人风度和魅力的必不可少的基本要素之一，是尊重他人并获得他人尊重的必要条件，是人际沟通达到和谐融洽境界的推动因素。

◎ 说好“称呼语”“敬语”“客套话”的技巧

在大街上，一个陌生人向你走来，说：“对不起，打扰一下。”这时候，我们可能会说：“哦，没关系。您有什么事？”“请问您一下，到广安大街怎么走？”我们的做法通常是热情地给作解答。最后那个人连连向我们道谢。但是，有时我们也会遇到这样的事，一个陌生人向你走来，说：“喂，喂，喊你呢！”你疑惑地看看他，心里很不痛快：“我哪知道你喊我，什么事？”“知道不知道广安大街在哪？”“不知道！”

为什么我们会热心地给第一个陌生人作解答呢？因为他有礼貌，使用了“对不起”“打扰”“请问”“您”四个礼貌用语，可以充分看出对方的诚意，我们心中高兴，也乐意为他解决难题。第二个人没礼貌，我们当然不愿意搭理他。

文明社会里，几乎在任何需要麻烦他人的时候，“请”都是必须挂在嘴边的礼貌语。如“请问”“请原谅”“请留步”“请用餐”“请指教”“请稍候”“请关照”等。频繁使用“请”字，会使话语变得委婉而礼貌，是比较自然地把自己的位置降低，将对方的位置抬高的最好的办法。

正确地运用“谢谢”一词，会使你的语言充满魅力，使对方备感温暖。道谢时要及时注意对方的反应。对方对你的感谢感到茫然时，你要用简洁的语言向他说明致谢的原因。对他人的道谢要答谢，答谢可以用“没什么，别客气”“我很乐意帮忙”“应该的”

来回答。

社交场合学会向人道歉，是缓和双方可能产生的紧张关系的一帖灵药。例如，你在公共汽车上踩了别人的脚，一声“对不起”即可化解对方的不快。道歉时最重要的是有诚意，切忌道歉时先辩解，好似推脱责任。在需要别人帮忙时，说句“对不起，你能替我把茶水递过来吗”，则能体现一个人的谦和及修养。

交际中的礼貌用语除上述以外，还有很多。

问候的用语：早晨好；您早；晚上好；晚安。

挂念的用语：身体好吗；怎么样；还好吧。

征询的用语：你有什么事情；需要我帮您做什么；如果您不介意的话，我可以做……吗？

答谢的用语：请多关照；承蒙关照；拜托。

赞赏的用语：太好了；真棒；美极了。

谦让的用语：愚、愚见、寒舍、太客气了、过奖了、为您效劳、多指教、没关系、不必、请原谅、惭愧、不好意思，等等。

理解的用语：太忙了只能如此；深有同感，所见略同。

道歉的用语：对不起；请原谅；实在抱歉；真过意不去；完全是我们的错。

常用的客套话：慢走、留步、劳驾、少陪、失敬、久违、久仰、恭喜、包涵、打扰、借光、拜托、高见，等等。

约定俗成的礼貌谦辞：初次见面说久仰，看望别人说拜访；等候客人用恭候，请人勿送用留步；请人帮忙说劳驾，求给方便说借光；请人指导说请教，请人指点说赐教；欢迎购买叫光顾，老人年龄叫高寿；客人来到说光临，中途要走说失陪；送客出门说慢走，与客道别说再来；麻烦别人说打扰，托人办事说拜托，等等。

恰当地应用客套话，一方面能够体现我们的涵养，树立良好的个人形象；另一方面能让对方感觉到自己受到了尊重和高看，从而产生愉快的心理，促使人际交往的顺利进行。

比如，两人见面互道一声“您好”“别来无恙”“久仰大名”“吃饭了吗？”“最近怎样”“好久不见，在忙什么？”，等等；做客探望客套话，如“欢迎赏光”“请随意”“承蒙款待”“欢迎光临”“恕不远送”，等等；感谢致谢客套话，如“让您费心了”“请笑纳”“不成敬意”“举手之劳”“不敢当”，等等；求助客套话，如“请多关照”“请指正”“多谢指教”“恳请”，等等；原谅客套话，如“见谅”“多包涵”“海涵”，等等；受益客套话，如“托您的福”“借光”，等等；谦虚客套话，如“不足挂齿”“不值一提”，等等。

沟通的艺术

成为一位出色的交谈家并不在于你有多聪明，而在于启发、诱导别人讲话。值得一提的是，“你”在谈话中是一个前进的信号，而“我”则是一个停止的信号。要设法把谈话引向对方的兴趣点，比如，当他说“我在宁夏老家开了个店”时，你千万不要匆忙抢着说：“啊，我在西安也有两家店铺。”而应该问：“在宁夏的什么地方？”

◎ 当他人犯下过失时，如何沟通

有一年的圣诞前夜，在美国的一个珠宝店快打烊的时候，从外面进来了一个三十多岁的男子，穿着一套起皱的西装，领带也没有系。他在珠宝店里转悠，一副心不在焉的样子。终于，他的目光定格在一条镶有七颗钻石的手链上，要求店员把手链拿给他看一看。店员是个姑娘，她迟疑了一下，还是按他的请求拿出了手链，递给了他。

在观看了一会儿后，男子把手链还给了姑娘，忙着往外走。姑娘小心翼翼地将手链放回原处。突然，她看见手链上的钻石只剩下了六颗。她紧走了几步，在珠宝店门口追上了男子，伸出右手微笑着说："先生，祝您圣诞快乐！"

男子稍微迟疑了一下，也伸出了右手，握住了她的手，笑着说："谢谢！"说完，转身走出门外。这时姑娘感觉右手心多了个硬硬的小东西，一看竟然是那颗钻石。

10 年后的一个圣诞前夜，还是在这家珠宝店里，一位四十多岁的富商握住了珠宝店女老板的手："谢谢你，是你给了我自尊，给了我生存的智慧！"这个富商，就是 10 年前的那个男子，而珠宝店女老板，就是当年的店员。

还有一个例子。

古时候，楚庄王有一次兴致大发，要大宴群臣。自中午一直喝到日落西山。楚庄王又命点上蜡烛继续喝，群臣越喝兴致越浓。忽然间，起了一阵大风，将屋内蜡烛全部吹灭。此时，一位喝得半醉的武将乘灯灭之际，搂抱了楚庄王的妃子。妃子慌忙反抗之际，折断了那位武将的帽缨，然后大声喊道："大王，有人借灭灯之机，调戏侮辱我，我已将那人的帽缨折断，快快将蜡烛点上，看谁的帽缨折断了，便知是谁。"

正当众人忙于准备点灯时，楚庄王高声喊道："今日欢聚，不折断帽缨就不算尽兴。现在大家都把帽缨折断，谁不折断就是对我不忠，然后我们大家痛饮一番。"

等大家都把帽缨折断以后，才重新将蜡烛点上，大家尽兴痛饮，愉快而散。此后，那位失礼的武将对楚庄王感恩不尽，他暗下决心，自己的人头就是楚庄王的，为楚庄王而活着，对楚庄王忠心耿耿、万死不辞。这就是历史上有名的"绝缨宴"。

7 年后，楚庄王伐郑，一名战将主动率领部下先行开路。这名战将拼命死战，所到之处敌军闻风丧胆，直杀到郑国国都。战后楚庄王论功行赏，这才知道这名战将叫唐狡。唐狡不想要任何赏赐，承认 7 年前宴会上的无礼之人就是自己，今日此举全为报答 7 年前楚庄王的不究之恩。楚庄王大为惊叹，并把这名妃子赏赐给了唐狡。

沟通的艺术

当他人犯下过失，如果能给予对方面子，维护对方的自尊，不仅可以使彼此的距离更近，还会赢得对方的感激之情。

◎ 当众指出别人的错误，并不会为了他好

在一次宴会上，一位先生讲了个幽默故事，其中提到一段引语，他说是出自《圣经》，然而他的邻座很清楚地记得这是出自莎士比亚作品，于是很自信地指出了这个错误，结果是各执己见，互不相让。正好边上是一位莎翁研究专家，于是决定让他评判，那位专家对那位指出错误的先生说："你错了，那位先生是对的！"

在回家的路上，被指出错误的那一位很诧异地问专家："你明明知道我是对的，怎么说他是对的？"专家的回答是："这么多人看着，你为什么要让他丢面子，如果让他丢了脸，他会恨你一辈子，而绝不会感激你指出了他的错误，绝对不要以为指出他的错误是为他好！"

沟通的艺术

当众要维护别人的自尊，私下可指出别人的错误。这是沟通的一个重要原则。有时候，你以为你是为了别人好，实际上别人不但不领情还会记恨你一辈子。

◎ 面对别人的抱怨，先听他说完

在一家首饰店，一位夫人花了几个小时挑选戒指，结果批评的意见提了不少，戒指却一只也没看上。她不仅不停地指使销售员拿这个、拿那个，还当着其他顾客的面滔滔不绝地发了一通“这只戒指的成色太差”“这只戒指的定价不合理”之类的牢骚。

销售员试图向这位夫人解释，但招来的只是更多的抱怨。这时，首饰店老板来到了大厅，看到满腹牢骚的夫人，他并没有做什么，而是像一个听话的小学生一样，一直站在旁边听夫人发表“高论”，一声都没有吭。

直到那位夫人说完了，这位老板才缓缓地说：“看得出，您对戒指是有研究的，对不起，请您等一会儿。”然后他让售货员取出一只价格不菲的戒指摆在夫人面前，说：“我想这只戒指最能衬托您的高贵气质。”

那位夫人一听这话，半信半疑地把戒指戴上。的确，大小、颜色都与她挺相配。结果，夫人满意地说：“这只戒指好像是专门为我定做的一样。”最后，高高兴兴地付账离开。

其实，那位老板最后拿出的那戒指，实际上是那位夫人早就试过却又下不了决心购买的。

沟通的艺术

也许，这位夫人，已经看了好几家珠宝店，可就是下不了决心，因为没有人懂得她的心，也没有人有耐心听她抱怨，更没有人能在她抱怨后，适时地给她一个建议。这位老板了解顾客的心理，知道她需要的是倾听、尊重与肯定，于是，他投其所好，没花多少时间，没说两句话，就说服了挑剔的顾客。

CHAPTER 8

商务沟通：让天下没有难做的生意

推销的要点不是推销商品，而是推销自己。

——美国销售大师　乔·吉拉德

商人不言商是不道德的。

——佚名

销售专业中最重要的字就是“问”。

——美国销售培训专家　博恩·崔西

◎ 销售的过程，就是沟通的过程

《销售与口才》杂志曾经刊载过这样一个故事：

一位销售人员向经理诉苦："我们的镜子根本无人问津，参加这种展销会完全是浪费时间。"

经理问他："这些镜子是干什么用的？"

"给商店和办公室保安系统用的呀。"

经理说："那它们如何起作用呢？"

"把它们安装在天花板上，然后它就开始工作。"

经理问："你是如何演示它的功能的？"

"我在会场搭了一个高台，登上去，再故意跌下来，狠狠地摔到那些不会碎的镜子上，再弹起来，虽然鼻青脸肿、几欲断气，但借此可以向观众表明镜子坚不可摧。我每隔 2 分钟就表演一次。"

经理："那有多少人会跳到天花板上去撞你的镜子呢？你可以这样展示：展台周围藏一些精美的小礼物，邀请大家试试看，看谁能逃过镜子的窥视把小礼物偷走。"

销售人员："可我们的镜子是不会碎的呀！"

沟通的艺术

这位销售人员的产品演示显然没有做到与顾客很好的沟通。因为他并没有认真领会产品的演示与顾客之间是一个沟通的过程。

通过产品演示使顾客明白产品的用途，而顾客的反馈和回应表示沟通的结果。

销售人员只从产品的一方面出发，没有弄懂顾客的思想和需要，同样也没有真正理解经理的话，当然不会受到顾客的欢迎。

◎ 这样沟通，天下没有难做的生意

客户："我想要为未婚妻买一件很有特点的生日礼物，你是我的老朋友了，给我推荐一下。"

销售人员："啊，你看这条项链怎么样，价钱是500元。我只收你原价的一半250元，另一半250元是我送给你们的结婚礼物，祝你们幸福美满，白头到老。"

沟通的艺术

这样的表达方式可以说一举两得，既使客户享受到了半价的优惠，也得到了一份无价的情感馈赠，不但不会令客户觉得因半价而有失面子，还会因销售人员的这个大人情而收获意外的惊喜，不失为一种聪明的销售方式。

◎ 推销员与客户沟通的 4 个技巧

没有说服不了的客户，只有不会沟通的推销员。为此，推销员要做好推销工作，增长业绩，就不能忽视与顾客和客户之间的沟通。

1. 主动礼貌地接近顾客

第一次接近顾客，给对方一个舒适的第一印象至关重要。

初次见面，顾客容易以貌取人，一定要衣着大方合体，与自己的身材、年龄、个性以及所推销产品的风格相配合。同时，一定要精神面貌良好，面带微笑，保持诚恳、尊重、自信、热情的态度。举止要从容优雅，谈吐亲切自如。

由于推销员是陌生人，顾客会有怀疑和防备心理。因此，坦诚而关心是推销之初缩短双方距离的最好武器。首先要明明白白地介绍自己的姓名、身份及愿望。其次要真诚地关心顾客，帮助拿重东西，逗逗孩子，谈谈对方的工作、家务、身体等话题。同时别忘了适当地赞美对方，注意掌握分寸，是真心赞美而非吹捧。这样，顾客很容易接受你，消除陌生感。

2. 做足约见顾客的准备

推销员约见顾客时，要事先联系好顾客，征求对方同意后会面。约见一定要从对方利益出发，多为顾客着想，最好由顾客决定。

约见的时间视顾客的方便而定，应选择天气良好、对方时间宽裕、情绪舒畅的时候，可以主动提出几种建议由顾客定夺。约见时间既定，则务必按时到达，绝不可失约。

约见的地点要方便顾客赴约，选择顾客熟悉的地方，安全、轻松的场所，总之，由顾客选择决定为好。

约见的方式多种多样，如电话预约、信函预约，也可以当面约见等。不论口头的还是书面的，都要注意措辞的礼貌、得体。

3. 推介产品是关键

推销过程主要是介绍商品、解答顾客的疑问。推介过程中要注意以下礼仪：

要自始至终地尊重顾客，耐心细致地介绍商品，允许顾客随意插话、提问，不可轻易打断对方的谈话，或者自己一直滔滔不绝地说下去，适时问一句："您看呢？""您觉得呢？"

要诚实、客观地介绍商品优点。只讲优点不谈缺欠的方式只会令顾客生疑，因此，正确的推销礼仪是全面、透彻介绍商品的长处，同时简略地说明其他方面，给对方以诚实可信的感觉。

对顾客提出的异议要耐心对待。有异议说明顾客开始关注你的商品，因此更应热心解释说明，即使对方的看法有误，也不要争辩，不要争吵，更不能面露不屑与不悦。应多听善说，引导、说服顾客而不要驳斥顾客。即使否定对方观点也要在遣词上维护对方，不可嘲笑对方。

对待顾客的提问要处理得当。一般性问题应立即回答，不能避而不答或含糊其辞。对有些技术性强的问题和异议，则应稍作思考或延缓回答，可表现出负责任的慎重态度，必要时可暂不回答，待查阅资料或电话请教专业人员、负责人之后再回答。有时顾客的自言自语或玩笑以及关系不大的问题可不必作答，否则反而招致麻烦。

推销过程中不可过度热情。恰当的热情可促使推销成功，但不要造成急于催促对方购买的印象和压力。应适时地闭上嘴，容对方察看或考虑，但沉默时间不要过长，适时插话，主动提出并分析对方可能的担心，显得热情而不急功近利。

4. 不能忽视达成交易的那一刻的细节

成交是推销基本成功的标志，但并非意味着推销工作的结束，因为即使达成交易，对方也会更改意见，这时就要看你的礼仪表现了。

成交时不要喜形于色，失去了原有的沉稳。表情、态度要自然、平静，要保持常态。

要赞美顾客的眼光，要将成交归功于对方，而不能沾沾自喜，否则容易令顾客反感，也许会失去购买兴趣。

少说话，谨慎用词。既然已达成交易，就切忌再啰里啰嗦地说个没完，一则令人生厌，二则可能会有口误，导致节外生枝。

热情告别。成交后可略转换些轻松的话题，聊聊天，不可一成交就立即走人。应上前与顾客握手告别，面带微笑表示合作愉快及谢意。

应留下联络地址及电话，表示有任何事情尽快找你，一定尽力解决。告别后一段时间应主动再联系询问一下顾客的意见和要求，这样才显得礼数周全、善始善终。

沟通的艺术

赞美别人时一定要审时度势，掌握一定的技巧，特别是在赞美上级的时候，更需要掌握赞美的火候。如果火候拿捏得不好那么后果可能就会很严重了，也许你一辈子都会郁郁不得志；如果赞美得恰如其分，说不定就会使你加官晋爵。

◎ 打探顾客所需的，明确顾客想要的

一位老大妈走进店内，销售小姐热情地接待："请问您想买点什么？"

"我想买一个暖气。"

"啊，您是多么幸运啊！我们的暖气质量非常好，而且有丰富的品种可供您选择。有很多人喜欢买我们的暖气，让我拿给您看看。您看看这个暖气，它的特点是占用空间小、性能优良、坚固耐用，暖气的加热控制非常严密、热感应强，暖气运作系统是经过科学实验进行设计的，不容易发生漏水、断裂等事故。请您放心使用吧！您若不满意，再看看另一种，这一种暖气用进口环保材料制作的……"

产品介绍完毕，销售小姐又问："现在您还有什么问题吗？"

"其实我只有一个问题，这些暖气中，哪一种能让我感到暖和？"老大妈说。

沟通的艺术

这个销售小姐尽管热情周到、能说会道，但是她没有从老大妈的角度去分析顾客的心理需求。她嘴里说出的"暖气质量"，老大妈要么听不懂，要么没兴趣，老大妈的需要只是"暖和"。要记住，不清楚客户的需求，任何服务和解决方案对于客户而言都是毫无意义的。

◎ 充满爱心是良好沟通的开始

小何是某家房地产公司的业务员。一位老先生嫌市区吵闹，空气不好，老两口打算在开发区买一套房住，但他们在多家售楼公司中徘徊，不知道选哪家的楼盘。

这位老先生的老伴得了胃病，这给了小何一个突破。小何首先以追踪反馈信息的名义拜访老先生，但只和他们谈一些保健知识，说自己做中医的父亲治疗胃病很有一套，老太太便让小何帮忙。当晚，小何让父亲提供一个治疗胃病的偏方，父亲说用猪胃（俗称猪肚子）、通心根、白节藕、莲米等炖汤喝有特效。

第二天，小何买了中药送上门，第三天一早又买了新鲜猪肚子送去。此后每隔几天，小何就送一只猪肚子去，丝毫不提房子的事情。到第五次上门，两位老人拉着小何说："闺女呀，今天下午我们一起签购房合同吧。"

只要是从小何手里买房子的客户，她都尽其所能地给予帮助。有付出就有回报，他们也十分关心小何，主动为小何提供信息，介绍买主。小何的销售一直居于所有同行之首。

还有一个例子。

销售人员："大爷，我能为您做什么吗？"

农夫："不用，只是外面天气热，我刚好路过这里，想进来吹吹冷气，马上就走。"

销售人员："就是啊，今天实在很热，气象局说有 32℃呢，您一定热坏了，我帮您倒杯水吧。您在沙发上休息一会儿。”

农夫：“可是，我们种田人衣服不太干净，怕会弄脏你们的沙发。”

销售人员：“没关系，沙发就是给客人坐的，否则，公司买它干什么？”

（随后农夫走向展示中心。）

销售人员：“大爷，这款车很有力哦，要不要我帮你介绍一下？”

农夫：“不要！不要！你不要误会了，我可没有钱买，种田人也用不到这种车。”

销售人员：“不买没关系，以后有机会您还是可以帮我们介绍啊。您看这款货车的性能……”

农夫：“这些是我要订的车型和数量，请你帮我处理一下。”

销售人员：“大爷，您一下订这么多车，我们经理不在，我必须找他回来和您谈，同时也要安排您先试车……”

农夫：“小姐，你不用找你们经理了，我本来是种田的，由于和人投资了货运生意，需要买一批货车，但我对车子外行，买车简单，最担心的是车子的售后服务及维修，因此我独生子教我用这个笨方法来试探每一家汽车公司。这几天我走了好几家，每当我穿着同样的旧汗衫，进到汽车销售厂，同时表明我没有钱买车时，常常会受到冷落，让我有点难过……而只有你们公司，只有你们公司知道我不是你们的客户，还那么热心地接待我，为我服务，对于一个不是你们客户的人尚且如此，更何况是成为你们的客户……”

沟通的艺术

如果销售人员只追求推销的结果，抱有急功近利的心态，那么很难对客户奉献爱心。而那些对客户充满爱心的销售人员追求结果，但更注重过程，认为多给客户帮助和爱心是值得的。因此，要成为一流的销售人员，必须对客户充满爱心。充满爱心是良好沟通的开始。

◎ 合作之前，让对方明白自己的利益所在

戴尔·卡耐基曾经有这样一个谈判。有一段时间，他每个季度都有 10 天租用纽约一家饭店的舞厅举办系列讲座。后来，在某个季度开始的时候，他突然接到这家饭店的一封要求提高租金的信，而且对方要求租金提高 2 倍。当时举办系列讲座的票已经印好了，并且已经都发出去了。卡耐基当然不愿意支付提高的那部分租金。

几天后，他去见饭店的经理。他说："收到您的通知，我有些震惊。但是，我一点也不埋怨你们。如果我处在你们的地位，可能也会写一封类似的通知。作为一个饭店的经理，你的责任是尽可能多地为饭店谋取利益。如果你不这样，你就可能被解雇，如果你提高租金，那么让我们拿一张纸写下将给你带来的好处和坏处。他拿过一张纸。在纸的中间划了一条线，左边写"利"，右边写"弊"。他在利的一边写下了"舞厅，供租用"。然后说："如果舞厅空置，那就可以出租供舞会或会议使用，这是非常有利的。因为这些活动给你带来的利润远比办系列讲座的收入多。如果我在一个季度中连续 20 个晚上占有你的舞厅，这当然意味着你失去了一些非常有利可图的生意。

"现在，让我们考虑一下弊。首先你并不能从我这里获得更多的收入，只会获得更少。实际上你是在取消这笔收入，因为我付不起你要求的价，所以我只能被迫改在其他地方办讲座。

"其次，对你来说，还有一弊。这个讲座吸引了很多有知识、

有文化的人来你的饭店，这对你来说，是个很好的广告，是不是？实际上，你花 5 000 元在报上登广告，也吸引不了比我这讲座更多的人来这个饭店。这对于饭店来说是很有价值的。”

卡耐基把这两项“弊”写下来，然后把纸交给经理，说：“我希望你能仔细考虑一下，权衡一下利弊，然后告诉我你的决定。”第二天，卡耐基收到一封信，通知他租金将只提高 50%，而不是 200%。

卡耐基一句没提自己的要求、自己的利益的话，而是始终在为对方的利益以及怎样实现才对对方更有利考虑，但是却成功地达到了自己的目的。

沟通的艺术

关心对方的利益，站在对方的角度设身处地为对方着想，指出他的利益所在，对方就会欣然与你合作。成功、合作的谈判的关键在于找出什么是对方的真正需要。当你谋求你的利益的时候，也给对方指出一条路，使其获得他所谋求的利益。

◎ 一言不合，生意就飞走了

一家大公司的总经理打电话给一家报社，询问这家报社广告部主任的电话。他声明是来做广告的，而且想长年做下去。报社的文字编辑梁小姐接起电话后，颇不耐烦地说："广告部的人长年在外头跑，你要么打到他家里去，要么打手机。"这位总经理说："对方的手机似乎出了毛病，可以把他办公室或家里的电话告诉我吗？"梁小姐用嘲弄的语调说："你问我，我去问谁？"

总经理有些不高兴，大声地说："你们报社怎么这个态度？做广告是养活你们全体的，老于（广告部主任）吃尽千辛万苦才跟我们谈下来，总不能到了临签合同的时候倒被你们冲掉。"也许是被总经理居高临下的口吻所震慑，梁小姐的态度转变了，改口说："我替你找找看。"总经理便在电话这头听到窸窸窣窣翻纸的声音，最后，梁小姐在电话里报了三个电话号码，总经理立刻追问说："哪个号码是近期的？"梁小姐随意地说："我也不知道，一是广告部的人天马行空，通信手段多变，跟我们不搭界的；二是单位里的人，做完事就走，互相之间从来不管闲事的。"总经理听后失望地挂断了电话。

总经理回到公司后，立刻就要求各部门经理回去打印每位职工的通讯录，要非常详尽，打印好后张贴在每位职工的抽屉侧面，从此将"你问我、我问谁"列为接电话的禁语。

沟通的艺术

千万不要小看接听电话一事，这里面包含着许多的礼仪细节，它不仅影响着你在对方心目中的形象和地位，而且极大地影响到公务的正常办理，影响着商业的效益。

CHAPTER 9

管理沟通：让团队从优秀到卓越

擅长于沟通的管理者，也可能擅长于掩饰真正的问题。

——哈佛大学教授　柯利斯·阿格利斯

以不变应万变是管理的最高智慧，不要因误解而放弃。

——中国式管理大师　曾仕强

◎ 惠普之道：向员工敞开心灵的门

美国惠普公司创造了一种独特的“周游式管理办法”，鼓励部门负责人深入基层，直接接触广大员工。

为此，惠普公司的办公室布局采用美国少见的“敞开式大房间”，即全体人员都在一间敞厅中办公，各部门之间只有矮屏分隔，除少量会议室、会客室外，无论哪级领导都不设单独的办公室，同时不称头衔，即使对董事长也直呼其名。这样有利于上下左右通气，创造无拘束和合作的气氛。

沟通的艺术

不要在工作中人为地设置屏碍分隔。敞开办公室的门，制造平等的气氛，同时也敞开了彼此合作与心灵沟通的门。

◎ 置身事外：可以提高管理的权威

春秋战国时期，韩、赵两国发生战争，双方都派使者到魏国借兵，但魏文侯一口拒绝了。

两国使者没有完成任务，怏怏而归。当他们回国后，才知道魏文侯已分别派使者前来调停，劝告双方平息战火。韩、赵两国国君感激魏文侯化干戈为玉帛的情谊，都来向魏文侯致谢。韩、赵两国力量相仿，都不可能单独打败对方，因此都想借助强国魏国的力量。在这种情形下，魏国的行动直接关系到韩赵之战的胜负。魏文侯没有去介入两国之争，而是以第三者公平的立场加以调停，战争变成了和平，从而使魏国取得了三国关系中的主导地位。

沟通的艺术

当双方相争时，第三者越是不介入，其地位越是重要，当他以置身事外的态度进行仲裁时，更能显示其权威性。学会了置身事外，你的管理水平当然就上升到了一个更高的档次。

◎ 向下询问：要重视员工的智慧心声

上古时代，黄帝带领了六位随从到贝茨山见大傀，在半途上迷路了。他们巧遇一位放牛的牧童。

黄帝上前问道："小孩，贝茨山要往哪个方向走，你知道吗？"

牧童说："知道呀！"于是便指点他们方向。

黄帝又问："你知道大傀住哪里吗？"

他说："知道啊！"

黄帝吃了一惊，便随口问道："看你年纪小小，好像什么事你都知道不少啊！"接着又问道："你知道如何治国平天下吗？"

那牧童说："知道，就像我放牧的方法一样，只要把牛的劣性去除了，那一切就平定了呀！治天下不也是一样吗？"

黄帝听后，非常佩服：真是后生可畏，原以为他什么都不懂，却没想到这小孩从日常生活中得来的道理，就能理解治国平天下的方法。

沟通的艺术

倾听下属员工的声音，向他们寻找改善公司管理的方法，保证底层员工有向上沟通的正常渠道，这都是非常重要的管理之道。在管理沟通中，最忌讳的是领导人员总是摆出倚老卖老的样子，处处否定新人的创见。

◎ 日常沟通，会有意想不到的效果

松下幸之助有一个习惯，就是爱给员工写信述说所见所感。

有一天，松下正在美国出差，按照他的习惯，不管到哪个国家都要尽量在日本餐馆就餐。因为，他一看到穿和服的服务员，听到日本音乐，就是一种享受。这次他也毫无例外地去日本餐馆就餐。当他端起饭碗吃第一口饭的时候，大吃一惊，出了一身冷汗。因为，他居然吃到了在日本都没吃到过的好米饭。松下想，日本是吃米、产米的国家，美国是吃面包的国家，居然美国产的米比日本的还要好！此时他“立刻想到电视机，也许美国电视机现在已经超过我们，而我们还不知道，这是多么可怕的事情啊！”松下在信末告诫全体员工：“员工们，我们可要警惕啊！”

以上只是松下每月写给员工一封信中的一个内容，这种信通常是随工资袋一起发到员工手里的。员工们都习惯了，拿到工资袋不是先数钱，而是先看松下说了些什么。员工往往还把每月的这封信拿回家，念给家人听。在生动感人之处，员工的家人都不禁掉下泪来。

松下几十年如一日地每月给员工写信，而且专写这一个月自己周围的事和自己的感想。这也是《松下全集》的内容。松下就是用这种方式与员工沟通的。员工对记者说：“我们一年也许只和松下见一两次面，但总觉得，他就在我们中间。”

有一天，松下让他的助手带着所有百货商店的名片和他一起出去转一转，松下每到一个商店都要对上至老板，下至售货员表示谢意，听取对方对产品的意见，并递上名片说："我是松下，请多关照。我们渴望听到您的意见。"人们知道他是松下后，无不感动。这样做起到了很好的沟通作用。

沟通的艺术

以实际行动去与员工、顾客、家人做日常沟通。报告、会议、训示虽然也算沟通，但却不能感人肺腑。只有放下架子，用平等、真诚才能真正打开双方的隔阂，荣辱与共。

◎ 下属不愿意讲真话，往往是担心后果

作为森林王国的统治者，老虎几乎饱尝了管理工作中所能遇到的全部艰辛和痛苦。它终于承认，原来老虎也有软弱的一面。它多么渴望可以像其他动物一样，享受与朋友相处的快乐，能在犯错误时得到哥们儿的提醒和忠告。

它问猴子："你是我的朋友吗？"

猴子满脸堆笑着回答："当然，我永远是您最忠实的朋友。"

"既然如此，"老虎说，"为什么我每次犯错误时，都得不到你的忠告呢？"

猴子想了想，小心翼翼地说："作为您的属下，我可能对您有一种盲目崇拜，所以看不到您的错误。也许您应该去问一问狐狸。"

老虎又去问狐狸。狐狸眼珠转了一转，讨好地说："猴子说得对，您那么伟大，有谁能够看出您的错误呢？"

上面这个寓言故事，还有下面这个现实世界的版本。

在苏联的一次政府会议上，赫鲁晓夫声色俱厉地指责斯大林的错误，突然听众席上有人打断了他的讲话。

"你也是斯大林的同事，"提问者大声喊道，"为什么你当时不阻止他呢？"

"谁在这样问？"赫鲁晓夫怒吼道。

会议厅里一片极度不安的寂静，没有人敢动弹一下。

最后赫鲁晓夫轻声说："现在你该明白为什么了吧？"

沟通的艺术

赫鲁晓夫轻声说出的话，道出了领导难以听到下属真心话的原因——恐惧。想要部属指出你的缺点和错误，首先得让他们确信自己不会被报复和惩罚，其次是要给他们勇气，还有就是作为主管的你，必须具有明辨是非的眼力和包容的胸怀。简言之，如果管理者要想听到真话，就要开创一个让下属敢于讲真话的环境和氛围。

◎ 高绩效管理者 6 个沟通技巧

一般来讲，绩效沟通的内容通常包括以下 6 个方面：

1. 沟通阶段工作目标、任务完成情况

应对照绩效考评表、岗位说明书和工作计划，就每项工作完成情况进行沟通，主管可以就岗位职责、各项指标的完成情况进行逐项讨论、确定。这主要是对员工过去一个阶段绩效考评结果交换看法，以寻求达成共识。

2. 沟通完成工作过程中的优良表现

主要是挖掘下属工作中的闪光点，最好列出具体事例加以证明。这项沟通要求主管注意观察和发现员工在日常工作中表现出的优秀方面，及时给予表扬和奖励，以扩大正面行为带来的积极影响。要做到这一点，主管首先要切实发现员工身上的闪光点，如一些不是员工职责范围内的事情员工主动去完成，对待工作完成结果超出标准或预期很多等。但要注意不要表扬一些不值得表扬的行为，如员工应该做到的事情。其次要注意表扬一定要具体，表扬的内容要以事实为依据，态度要明确。

3. 指出需要改进的地方

应针对具体问题，明确指出员工工作过程中哪些地方做得不到位，哪些地方还可以提高。请员工本人分析存在问题的原因，描述下一步该如何克服和改进，同时提出自己的建议。

4. 描述公司领导或他人对下属工作的看法和意见

对正面的反馈，一定要及时告知员工具体表扬人和内容，并向员工为部门争得的荣誉表示感谢。对于负面的反馈，可以转述反馈的内容，根据不同情况（事实严重程度、员工个性特点等）确定是否需要说明反馈部门或人员。询问员工对反馈意见的看法，帮助制订改进措施，或和员工一起向有关部门解释原因，通报解决方案等。

5. 协助下属制定改进工作的计划

帮助下属对需改进方面制订改进措施和行动计划，对实施过程中遇到的问题或需要的支持提供指导和帮助。

6. 下一阶段绩效工作目标、计划的制订和确认

要点在于和员工一起讨论、确定工作目标、完成进度表和检查考核计划，让员工对完成的目标、阶段性目标、何时反馈等有明确的认识。

沟通的艺术

商务谈判的双方都希望能最大限度地满足自己的需求。所以谈判前一定要明确自己的目的，从技术、商务、法律等方面做好充分的准备。准备得越充分，就越能在谈判中取得主动。

为做到不打无把握之仗，谈判前必须拟订好谈判方案，包括谈判的总体设想、谈判策略、从开始谈判到计划成交的大体时间安排和具体步骤。谈判前对合同的主要条款要有一个原则性意见，也要有具体意见，内定好准备争取的最高要求和必要时可以让步接受的最低要求，并针对一些重大问题预测出对方的要求和自己的对策。有条件的可以搞模拟谈判，拟订几套可供选择、能进能退的谈判方案。

◎ 只需三点，像乔布斯一样演讲

各位一定都听过乔布斯的演讲，可谓非常精彩，尤其是他每一次介绍苹果的新品秀时。我们就选一段乔布斯 2005 年在斯坦福大学的经典演讲，来一次分解，看看苹果教主的结构化表达方式。

开篇他说：我只说三个故事，不谈大道理，只是三个故事而已。

其后，他讲了三个故事：

第一个故事关于因果。主要讲他的出生、被收养、休学，以及去里德学院旁听书法课的时候学习到精美的书法，而这些书法字体在若干年后他创办苹果公司成为苹果电脑的字库。

第二个故事关于得失。在苹果的发展期，他雇用了斯卡利和他一起管理公司，当发生分歧的时候，董事会站在斯卡利一边，而炒掉了乔布斯。在经历过短暂的失落后迅速重新成立 Next 公司和皮克斯公司。而皮克斯公司当时的作品《玩具总动员》很火爆，成为世界上最成功的动画工作室。而此时苹果又回购了 Next 公司，乔布斯得以重新回归苹果，开启苹果的第二度辉煌。

第三个故事关于死亡。从查出胰腺癌到做手术治好胰腺癌，在这段时间里，他对生命有了新的认识。他说：你们时间有限，所以不要浪费在重复他人的生活上。不要被教条束缚，盲从教条就是活在别人思考结果里。不要让别人的意见淹没了你的心声。最重要的，你要有勇气去听从你直觉和心灵的指示——它们在某种程度上知道你想要成为什么样子，所有其他的事情都是次要的。

最后，他送给所有的毕业生一句经典的话：stay hungry，stay foolish（求知若饥，虚心若愚）。

乔布斯的演讲一气呵成，结构严谨，内容饱满，实在是一篇佳作。

沟通的艺术

西点军校曾经有一个训练学员的方法：叫三点表达法。西点军校的军官会用报纸或其他载体训练学员，比如问：《纽约时报》今天有什么要点？学员必须回答：今天的《纽约时报》有三个要点，然后迅速说出这份报纸的三个主要标题。西点军校用这样的方式训练了学员汇报工作只汇报重点的习惯，当这种习惯一旦养成，就会变成一种能力。战场上，当一个低阶的军官向上级汇报军情或上级军官下达命令时，如果简明扼要，条理清晰，重点突出，这样的能力对战局会有一定程度的影响。如果很啰唆，半天说不到重点，会影响对方对信息的理解。作为领导者，所传达的信息不清楚是大问题，因为目标是否明确对沟通效果影响重大。如果领导者不能把一个观点条理分明地表达清楚，整个部门、团队和个人都会一片茫然。结合西点训练和乔布斯的演讲，著名管理顾问何晓飞先生经过研究，总结出三三三结构化表达法。是指用三个观点（要点）、三个故事（案例）、三个结论，在一个指定的时间内，将内容说清楚。这样的演讲结构会让自己的发言更具条理性、更有逻辑性、更加接地气，内容也更加饱满有趣。

CHAPTER 10

亲子沟通：培养了不起的孩子

家庭应该是爱、欢乐和笑的殿堂。

——日本教育学家　木村久一

温和的语言，是善良人家庭中绝不可缺少的。

——印度《摩奴法典》

◎ 关注孩子的心声，创造教育的时机

在五年级的一节劳动课上，老师在教学生缝制椅子垫儿。正好赶上“三八妇女节”，老师就号召同学们回家后给妈妈缝一个椅子垫儿。

老师说：“妈妈平时关心你们，付出了很多心血，你们也应该关心自己的妈妈。送给妈妈一个自己亲手做的礼物，就是关心妈妈的实际行动。”孩子们听了，积极性很高。

楠楠听了老师的话，回家后顾不上做作业，翻箱倒柜地找出布啊，针线啊，忙了半天，辛辛苦苦地给妈妈缝了个椅子垫儿。长这么大，他还从来没有为妈妈付出过这么多的劳动，他多希望妈妈会因为他变得懂事了而喜出望外啊。他在一针一针缝椅子垫儿的时候，就想象着妈妈回家后看到这份特殊的礼物时的高兴劲儿。他想给妈妈一个惊喜，就把缝好的椅子垫儿先藏了起来，不让妈妈看见。

妈妈下班回家，开口问道：“写完作业没有？”

楠楠回答说：“还没有呢。”

妈妈一下来了气：“放学这么半天，你干什么了？”

楠楠说：“妈妈，今天是‘三八妇女节’，我给您做了个礼物。”说着拿出了藏在门后边的椅子垫儿。

他满以为妈妈会高兴呢，没想到，妈妈不但没有什么惊喜，反而一手抓过椅子垫儿，说：“你弄这玩意儿干吗？不写作业！”边说边把楠楠忙了半天做的椅子垫儿拆了。

楠楠当时气得直哭，他对妈妈的一片爱心被妈妈粗暴地伤害了。他万万没想到妈妈会这样。他大失所望，不明白妈妈怎么就不懂自己的心。

沟通的艺术

教育家经常说，教育要“抓住时机”。对上例中的妈妈来说，孩子亲手给自己缝椅子垫儿，这是一个多么好的教育时机！它的意义远不止于孩子会干活儿了，其意义主要体现在人的情感上，在孩子的一针一线中浸透着孩子对妈妈的爱和关心，浸透着孩子对妈妈的感情回报。这是一个多么好的母子情感双向沟通交流的机会呀！

◎ 与孩子交流时应当少说多听

李颖有一个 16 岁的女儿，母女两人感情很好，总是形影不离，无话不谈，这让身边的邻居朋友羡慕不已。可是，只有李颖自己知道，与女儿之间的沟通，她做了多少功课，下了多少功夫。

有一段时间，李颖因为工作原因，精神状态很不好，跟女儿说话也没了耐心，更多的是指责和呵斥。一天，女儿放学回家，比平时晚了一点，李颖便劈头盖脸地呵斥："去哪里了？怎么比平时晚了？"女儿说："我和小霞一起去叶子家玩了。"李颖依然不依不饶地说："我很担心你！你知不知道？以后放学就回家做功课，不许到别处！"女儿听了脸色很难看，然后不理李颖就回自己的房间去了。

李颖也意识到自己的说话语气和说话方式都不太合适，但觉得没什么大不了，就没怎么关注女儿的看法。后来李颖发现女儿愈来愈不听话，甚至不愿意跟自己多说话，每天回来就做作业，做完作业就睡觉。她担心女儿出了什么问题，于是去咨询家庭教育专家。专家听了李颖的情况给她开了一个"药方"：多倾听孩子的诉说，与孩子交流时少说多听，并教给了她许多倾听孩子心声的技巧。

从此李颖转变了自己的态度，也不再随便对女儿的言行做价值判断。即使当孩子不同意自己的看法时，她也会承认女儿想法的合理性，并积极做好女儿的倾听者，母女俩的关系又回到了从前。

一天，女儿放学回来沮丧地对李颖说："妈！今天的考试没考好，我好难过。”李颖听了，停下手头的工作，坐下来温和地对女儿说：“愿意详细地跟妈妈说说吗？”女儿看了看妈妈，点点头，然后就一五一十地把自己考试的情况跟妈妈讲了。李颖听后，先安慰女儿，接着和女儿一起分析了本次考试失败的原因，并和女儿制订了相应的补救措施。

和女儿分析完情况，已经是深夜了。女儿感激地看着妈妈，说：“妈妈你真好！有你这样的妈妈，我太自豪了！”那一刻，李颖也感觉很幸福。

沟通的艺术

经常有孩子抱怨：“没有一个人真正听我说话，他们只是在说自己的！”倾听孩子的心声，让孩子把内心的真实想法说出来，体会孩子的感受，不但可以增进父母与孩子之间的感情，也可以让孩子明白，不管有什么困难和烦恼，都会得到父母的体谅和支持。这会让孩子有安全感，而这种安全感可使孩子的创造力和理解力得到全面的发挥。

◎ 在沟通中教育孩子的4个技巧

1．接受和尊重孩子的所有感受

孩子向父母诉说时，父母应安静、专心地倾听，但不给予评判。父母不必接受孩子的所有行为表现，而只是接受他的感受。例如，孩子可能会告诉父母自己对小伙伴有多生气，但父母不能允许孩子通过嘲弄或打人来表达他的愤怒。

2．向孩子显示你正在听他讲话

孩子向父母诉说时，父母的关注表示自己对孩子的尊重和自己愿意分担孩子的想法和感受。当孩子开口向父母讲话时，父母应停下正在做的事情，转向他，保持目光接触，并仔细地听。同时还要通过点头或不时地用“嗯……”“是的……”等来显示对他的注意。

3．告诉孩子你所听到的以及你的想法

不时地总结、重述或复述孩子所讲的关键内容，包括他的感受以及导致这种感受产生的情境原因。仅仅倾听和理解是不够的，父母还必须用语言对他所说、所想及所感的事情做出反应。但尽量不要逐字地重复孩子的话，应使用相似的语言来表达相同的意思。

4．对孩子的感受进行确认

在仔细听取孩子的诉说并观察其面部表情后，对他的感受进行猜测并试着确认。如果第一次的猜测不正确，再试一次。讲话时要尊重孩子，保持冷静，且语速要缓慢。当猜测不正确时，应鼓励孩子帮助父母纠正。

只有在帮助孩子确认其感受之后，父母才能给他提供忠告、建议或教他以不同的方式看待事情。如果父母先给予这些帮助，那将会妨碍孩子努力去表达和理解自己的感受。

总之，只有当父母真正理解孩子的表达时，才能和孩子进行有效的沟通，教育和管教才能被孩子愉快地接受。

沟通的艺术

在谈话的停滞之中，一定要想法寻找并且不断地激起对方的兴趣，使谈话能够一直持续下去。当你对做父母的人称赞他们的孩子，甚至表示你对那孩子感兴趣时，那么孩子的父母很快便会成为你的朋友了。给他们一个谈论其孩子的机会，则他们就会很自然而又无所顾忌地滔滔不绝了。

◎ 父母和孩子都应尊重对方的想法

有一个美国男孩在父母的关爱下成长，男孩的父母希望自己的儿子能成为一名医生。可是，男孩读到高中便被计算机迷住了，整天玩着一台旧计算机，不断地把计算机的主机板拆下又装上，乐此不疲。

男孩的父母见了很担心，也很伤心，他们苦口婆心地告诉他："你应该用功念书，否则根本无法立足社会。"

男孩的内心非常挣扎，他既不愿意放弃自己的兴趣，也不愿意让父母难过，最后，他按照父母的愿望考上了一所著名的大学，可是他的内心始终只对计算机感兴趣。第一个学期快要结束的时候，他毅然决然地告诉父母他要退学，父母苦劝无效，也只好很遗憾地同意他退学。

男孩后来成立了自己的计算机公司，打出了自己的品牌。到了第二年，公司就顺利地上市发行股票，顷刻间他即拥有了1 800万美元资金，那年他才23岁。10年后，他更创出了不下于比尔·盖茨的神话，拥有资产达43亿美元。他就是美国戴尔公司总裁迈克·戴尔。

沟通的艺术

日本知名学者池田大作说："父母可以有自己的理想，但粗暴干涉孩子的理想，就等于不承认孩子的人格。"父母的期望与建议是根据经验累积下来的观念，但孩子也可以有新时代的创新想法，两者之间并没有所谓的对或错，所以，父母和孩子都应该彼此尊重对方的想法。

◎ 平等沟通是消除"代沟"的好方法

贝鲁奇的女儿露丝 14 岁时，那时的年轻人正流行穿着染得花花绿绿的 T 恤和磨得破破烂烂的牛仔裤。虽然贝鲁奇小时候曾经历过经济大萧条，穷得没钱买衣服，但也不至于穿得这么落魄。

有一天，她见到女儿站在门外，用泥土和石头猛擦新牛仔裤的裤脚。贝鲁奇心想："天呀！这可是我用钱买来的新裤子，你居然这样糟蹋！"她立刻阻止女儿，然后又搬出"我幼年如何清苦过日子，你现在有这么好的条件却如此不爱惜物资"的老调，跟她说教了一番。没想到这孩子仍是不为所动，继续低着头使劲地擦着。贝鲁奇问她为何要把新牛仔裤弄成这样。露丝一副理所当然的语气回答："我喜欢这样，我就是不能穿新的。"

"为什么不能？"贝鲁奇感到十分好奇，要知道小的时候，要是有一件漂亮的新衣服不知道有多兴奋，爱惜还来不及，更不会莫名其妙将新衣服弄旧。

"不能就是不能，一定要弄旧才能穿出门。新牛仔裤土得掉渣，您到底懂不懂什么是时尚呀？"

这是哪一国的逻辑呀？新的裤子不能穿，非要搞得像块烂布才行，还号称这是时尚！贝鲁奇感到难以理解。

每天早上女儿上学前，贝鲁奇总会盯着她一身打扮，然后叹口气："我的女儿居然穿成这副德性，真是可怜。"

露丝身上挂着她爸那件旧 T 恤，上面染满了蓝色的圆点和条纹。

而那条牛仔裤更是令人惨不忍睹，低腰；裤身紧得像包粽子；裤管经过她的“加工”，多了一把须须。她走路时，须须便在后面拖呀拖的。

然而，有一天露丝上学后，贝鲁奇突然像是听到上帝跟自己说话：“你记得每天早上女儿出门时，你都对她说什么？‘我女儿居然穿成这副德性。’当她到学校和朋友们谈起整日唠叨的古板老妈时，她可有得讲了。你看过其他的初中女孩穿成什么样子吗？何不亲自去瞧瞧呢。”

那天，贝鲁奇果真开车去接女儿回来，以便观察其他女孩的穿着。结果发现穿得比女儿更“惊世骇俗”的大有人在，女儿身上的穿着打扮显得她再正常不过了。

回家的路上，贝鲁奇向露丝表示：也许自己对“牛仔裤事件”反应是过度了些。她趁机跟女儿提出条件：“从现在起，你去上学或和朋友出去玩，爱穿什么随你的意，我不过问。”

“太好了！”露丝听了这番话，异常兴奋。

“不过你在跟我一起上教堂、逛街，或拜访长辈时，你得要乖乖地穿些像样点的衣服。”

她没搭腔，显然是在考虑贝鲁奇所提出的苛刻条件。

贝鲁奇继续说：“这样做你只需让步1%，我却得退95%，你说谁比较划算？你要知道有几个母亲会像我做出这么大的让步。”

她听了之后，眼睛一亮，然后伸出手来跟贝鲁奇握了握：“那好吧，就这么说定了。”

从此之后，贝鲁奇每天早上快快乐乐送女儿出门，对她的衣服不再啰唆半句。而女儿和贝鲁奇一起出门时，也会自觉打扮很得体。这个约定让她们母女皆大欢喜。

沟通的艺术

其实有很多人都认识到了“代沟”的存在。做父母的总是无条件地要求自己的孩子应该这样，不应该那样，却很少考虑到孩子们是否能够接受。孩子们往往叛逆地认为父母的要求太苛刻。如果双方能够都宽容一些，能够彼此理解，去想个两全其美的办法，那么一定能够使双方得到满意的结果。

◎ 要避免对孩子的“语言伤害”

场景一：五岁的丹丹不小心把杯子碰倒在地，妈妈气急败坏地说：“你怎么这么蠢，真是个笨蛋、傻瓜，一点用都没有……”

场景二：六岁的小静贪玩，不好好练琴，气得妈妈经常说：“孩子，爸爸妈妈多不容易，挣钱给你买钢琴，还付学费，你一点不争气，一点都不像其他小孩那么乖、那么聪明。你不好好练琴怎么对得起我们？”

场景三：洋洋不愿学画，爸爸哄他说：“洋洋乖，你好好学画，爸爸给你买玩具，否则什么也别想得到。”

场景四：明明数学考试得了73分，比邻居家的东东少了25分，气得明明妈妈一直唠叨：“你看人家东东考了98分，你怎么就不能像人家东东一样，也考个98分让妈妈高兴高兴？父母辛苦挣钱就换来你这么个分数？我怎么生了你这么一个笨儿子！瞧你那没出息的样子！”

场景五：一个学习不太好的女孩跟爸爸说：“我今天考了100分。”爸爸问：“哪门课考了100分？”女儿高兴地回答：“自然课。”爸爸的表情一下子就变了：“自然算什么玩意儿，你有什么好得意的，真是没有出息。”

沟通的艺术

“中国少年儿童平安行动”曾公布了一项内容为“你认为最急迫

需要解决的校园伤害”的专项调查，结果显示：81.45%的被访小学生认为校园“语言伤害”是最急需解决的问题。家长要避免对孩子的“语言伤害”：（1）要清醒地认识到“语言伤害”的严重程度，在思想上高度重视。（2）多鼓励孩子，采用积极性的语言教育孩子，时时刻刻注意不对孩子说伤害他的话，尤其是在“恨铁不成钢”或气急的种种情况下，更要保持理智，控制好情绪，努力做到和风细雨、循循善诱。（3）讲究批评的艺术，要以提醒、启发来代替指责、训斥。如用“我相信你可以做得更好”使孩子有更努力的动机，用“没关系，慢慢来，尽力而为”帮助孩子调整焦虑、紧张的情绪，等等。（4）做好自我调整，以平常心看待自己的孩子，根据孩子的生理、心理特点，因材施教。（5）多用“良言”，禁用“恶语”，为了孩子，从现在开始，改变自己的说话方式吧。

◎ 赏识孩子的 6 个技巧

中国伟大的教育家陶行知先生，早在半个世纪之前就深刻指出：教育孩子的全部秘密在于首先要赏识孩子。没有赏识就没有教育。你的孩子就是你的孩子，没必要总去和别人家的孩子比，只要你的孩子今天比昨天有进步，你就应该祝贺他，这就是父母对自己孩子的赏识。孩子的成长需要肯定，肯定是孩子生命中的阳光。

所以，家长在与孩子进行沟通时，语言要充满了对孩子的肯定、赞赏和信任。孩子在做任何一件事时，最喜欢也最渴望听到的就是来自父母的赏识。在父母的赞赏和肯定声中，孩子的积极性会以最大限度地爆发出来，信心倍增地夺取属于他们的胜利。

1. 对孩子说“把自信找回来”

父母要相信孩子。每个孩子都有巨大的心理潜能，关键是你能不能把它开发出来。美国教育家把教育子女的全部奥秘归结为四个字——信任孩子。当然，孩子的消极想法并非一两句话就能立刻消除的，父母们要定下有效的方法帮助孩子重建自信。

2. 对孩子说“你真棒！你能行！”

有的孩子常常说“我不行”。这种意识有两个来源：一是源于自我，叫做自我意识；二是源于他人，叫做外来意识。有些家长总觉得自己的孩子不行。一位男生说：“我想学游泳，我妈妈说，你不行，你从小体弱，下水会淹着的！我想学炒菜，我妈妈又说，你不行，会烫着手的！我想学骑车，我妈妈说，你不行，会摔着的……

不行，不行，我什么时候才能行？”这位妈妈看上去是十分爱护孩子，实际上是在害孩子。要是老对孩子说“你不行”，慢慢地，孩子就会觉得自己真的什么都不行了。“我不行”在孩子的头脑中一旦扎下了根，孩子就会变得对做任何事都没有信心，会觉得离开了父母和老师寸步难行。所以，首先只有父母相信孩子能行，孩子才能觉得自己“我能行”。

比如，孩子参加各种比赛，之前家长要鼓励他：“爸爸妈妈相信你一定能行！”如果孩子输了，哪怕是最后一名，家长也要鼓励他说：“敢去参加比赛就是好样的！”让孩子赢得起，也输得起，帮助孩子提高承受挫折的能力。

“哈佛女孩”刘亦婷、《赏识你的孩子》中战胜耳聋成为大学生的周婷婷等成功的例子，无不证明鼓励和赞美在培养孩子中有着巨大的作用。西方的家长从不吝啬对孩子说“你很了不起”“你真棒”“你能行”等赞美之语，其目的就是使孩子获得成就感，增强自信心。

3. 对孩子说“自己的事情自己作决定”“试着自己解决这个问题”

父母要有意识地培养孩子自我服务的能力。当孩子老是想让你帮忙的时候，要对孩子说“自己的事情自己做，自己的事情自己决定”诸如这样的话语。

当孩子提问时，父母可以先反问孩子：“你觉得呢？”“你认为呢？”“为什么呀？”等等，来引导孩子先思考答案，再自行寻找答案。这样的方式可以加强孩子的逻辑思维能力。

4. 对孩子说“孩子，你的进步很大，我为你感到高兴”“分数并不是最重要的，重要的是你真正努力了”

当孩子拿着分数很低的试卷回家，父母首先应该表示对孩子的理解。要告诉孩子："分数并不是最重要的，重要的是你真正努力了。"这才是恰当的教育方法。

面对孩子的问题，要心平气和地与孩子探讨产生的原因，提出严格的要求和建设性的意见和方法。允许孩子有尝试改进的时间，这样孩子就有被信任、被重视、被关爱的感觉。

5. 对孩子说"孩子，抬起你的头"

作为家长要经常分析并肯定孩子的进步和成绩，使他们的自尊心不断地得到证实。要绝对禁止孩子说自己"笨"，没出息、没信心等。要鼓励孩子以最充足的信心、最饱满的精神、最高昂的斗志，全力以赴，战胜困难。

6. 对孩子说"告诉自己，我能做到"

经常用激励性的评价来肯定孩子的每一点成功与进步，通过语言或表情的方式给予心理暗示，对孩子说"告诉自己，我能做到"等激励性的语言。让孩子相信经过自己的努力，一定能实现自己的奋斗目标。

沟通的艺术

父母要教会孩子正视自己的弱点和缺陷。等到孩子心情较好的时候，可帮助孩子找到改正的办法，比如："同学们笑你说话结巴，那么我们尝试寻找一些改善的办法吧，每当你要表达自己的意思时，不要激动和紧张，慢慢把话说清楚。"